财务会计类专业大数据课程系列规划教材

会计大数据基础
职业能力训练

KUAIJI DASHUJU JICHU ZHIYE NENGLI XUNLIAN

主编 张 伟 张文惠 张 勇

苏州大学出版社
Soochow University Press

图书在版编目(CIP)数据

会计大数据基础职业能力训练 / 张伟,张文惠,张勇主编. -- 苏州：苏州大学出版社,2024.1(2025.7重印)
ISBN 978-7-5672-4638-6

Ⅰ.①会… Ⅱ.①张… ②张… ③张… Ⅲ.①会计信息-数据处理 Ⅳ.①F230

中国国家版本馆 CIP 数据核字(2024)第 000509 号

会计大数据基础职业能力训练

张 伟 张文惠 张 勇 主编

责任编辑 王 亮

苏州大学出版社出版发行
(地址：苏州市十梓街1号 邮编：215006)
丹阳兴华印务有限公司印装
(地址：丹阳市胡桥镇 邮编：212313)

开本 787 mm×1 092 mm 1/16 印张 5.5 字数 144 千
2024 年 1 月第 1 版 2025 年 7 月第 4 次印刷
ISBN 978-7-5672-4638-6 定价：26.00 元

若有印装错误,本社负责调换
苏州大学出版社营销部 电话：0512-67481020
苏州大学出版社网址 http://www.sudapress.com
苏州大学出版社邮箱 sdcbs@suda.edu.cn

前言

会计大数据基础是一门知识性和应用性均很强的财务会计类专业的基础性课程，主要向学生普及大数据的基础知识，使学生能够了解大数据的基本概念、基本技术和应用场景，理解大数据分析的基本原理和方法，并能够应用大数据思维和分析方法解决本专业的相关问题。

《会计大数据基础职业能力训练》作为《会计大数据基础》一书的技能训练配套教材，是为了帮助学生充分掌握会计大数据应用技能而设计的，与《会计大数据基础》一书相辅相成，共同构成了一个完整的学习体系，促进师生在教学中加深对理论知识的理解，强化技能训练。

《会计大数据基础》一书作为理论指南，引导学生打下了掌握大数据分析技术的坚实基础，帮助学生理解为何大数据在会计中如此重要。而本书则注重实践与技能训练。本书设计了大量实践项目和案例研究题，帮助学生将所学的理论知识应用到实际情境中。每个项目都配备了丰富的题型和实践指导，帮助学生逐步掌握大数据工具和技术的应用。学生将通过动手实践，掌握数据收集、数据处理、数据分析等关键技能，从而更好地应对会计工作中的挑战；通过解决实际问题，培养大数据思维、团队合作精神和创新能力。

我们坚信，通过对这两本教材的学习，学生将获取在大数据时代脱颖而出的技能，从而为其未来的职业发展打下坚实的基础，成为会计大数据应用的现代会计从业者。

另外，教材编写团队与厦门九九网智科技有限公司合作研发了与纸质教材配套的"会计大数据基础学习平台系统"，该系统无须搭建编程环境，即可在平台内进行线上训练，同时充分发挥"互联网+"教育的功能，所有项目训练结果在线运行，实时反馈及纠错，学生的学习效率可得到充分提高，实现自主练习、愉悦训练。

本书由张伟、张文惠、张勇担任主编，制定编写大纲、设计教材体例、提出编写方案并进行统稿。教材编写具体分工如下：项目一由江苏联合职业技术学院徐州财经分院张勇编写；项目二、项目三由苏州信息职业技术学院张文惠编写；项目四由江苏联合职业技术学院江阴中专办学点张雪芬编写；项目五由江苏联合职业技术学院靖江中专办学点殷文芳编写；项目六、项目七、项目八由江苏联合职业技术学院徐州财经分院张伟编写。全书由苏州信息职业技术学院李辉教授主审。本书的编写也得到了厦门九九网智科技有限公司梁华同志的指导和支持，在此一并感谢。

  由于编者水平和经验有限，书中难免有疏漏和不妥之处，敬请广大读者批评指正。

编 者

2023 年 10 月

CONTENTS 目录

项目一　认知大数据　001
　　任务一　认识大数据的基本概念　001
　　任务二　大数据对会计行业的影响　004

项目二　会计数据特征提取与分析思维　005
　　任务一　会计数据特征提取　005
　　任务二　会计大数据分析思维　007

项目三　大数据分析的基本框架　009
　　任务一　大数据分析的环境与类型　009
　　任务二　大数据分析的基本步骤　010

项目四　数据库设计基础与设计步骤　013
　　任务　掌握数据库设计基础知识与设计
　　　　　步骤　013

项目五　应用 MySQL 数据库建立财务模型　016
　　任务一　初始 MySQL 数据库　016
　　任务二　财务数据整理及分析常用的函数　019
　　任务三　工资表数据建模及关联关系设置　022

项目六　Python 语言基础　023
　　任务一　财会人员为何要学习 Python　023

任务二　财会人员的第一行 Python 代码　　024
　　任务三　会计信息与 Python 数据类型　　027
　　任务四　财税数据的存储　　032
　　任务五　财税核算中的判断　　037

项目七　数据分析与可视化　　045

　　任务一　使用 NumPy 操作数组　　045
　　任务二　理解 Pandas 数据结构　　048
　　任务三　财税数据提取　　055
　　任务四　财税数据连接与合并　　061
　　任务五　财税数据分组聚合　　070
　　任务六　数据可视化　　074

项目八　Python 爬虫基础　　080

　　任务　用 Python 爬虫获取财税数据的步骤　　080

项目一

认知大数据

任务一 认识大数据的基本概念

知识认知能力训练

一、单项选择题

1. 特定数据是否可以被视为"大数据"取决于（   ）。
   A. 数据量 B. 处理速度快
   C. 类型多样化 D. 数据价值大
2. 下列选项不属于大数据特征的是（   ）。
   A. 数据体量大 B. 数据增长速度快
   C. 数据价值密度高 D. 数据价值大
3. 下列选项不属于大数据的数据类型的是（   ）。
   A. 结构化数据 B. 公式化数据
   C. 半结构化数据 D. 非结构化数据
4. 大数据的发展可以分为（   ）个主要阶段。
   A. 2 B. 3 C. 4 D. 5
5. 当前大数据技术的基础是由（   ）首先提出的。
   A. 微软 B. 百度 C. 谷歌 D. 阿里巴巴
6. 大数据的起源是（   ）。
   A. 金融 B. 电信 C. 互联网 D. 公共管理
7. 当前社会中，最为突出的大数据环境是（   ）。
   A. 互联网 B. 物联网 C. 综合国力 D. 自然资源
8. 下列国家的大数据发展行动，集中体现"重视基础、首都先行"的是（   ）。
   A. 美国 B. 日本 C. 中国 D. 韩国
9. 大数据时代，数据使用的关键是（   ）。
   A. 数据收集 B. 数据存储
   C. 数据分析 D. 数据再利用

10. 支撑大数据业务的基础是（　　）。
    A. 数据科学　　　　　　　　　　B. 数据应用
    C. 数据硬件　　　　　　　　　　D. 数据人才
11. 大数据的前沿技术是（　　）。
    A. 数据处理　　　　　　　　　　B. 数据分析
    C. 数据定义　　　　　　　　　　D. 数据结构
12. 下列说法错误的是（　　）。
    A. 大数据会带来机器智能　　　　B. 大数据不仅仅代表数据的体量大
    C. 大数据的英文名称是 large data　D. 大数据是一种思维方式
13. 大数据计算中的数据挖掘是通过挖掘（　　）优化科学知识的结论，数据集越大，结论越精确。
    A. 海量型数据　　　　　　　　　B. 响应型数据
    C. 影随型数据　　　　　　　　　D. 过程型数据
14. 下列选项不属于大数据发展历程的是（　　）。
    A. 成熟期　　　　　　　　　　　B. 萌芽期
    C. 大规模应用期　　　　　　　　D. 迷茫期

二、多项选择题

1. 大数据是一种规模大到在（　　）方面远远超出了传统数据库软件工具能力范围的数据集合。
    A. 获取　　　B. 存储　　　C. 管理　　　D. 分析
2. 下列选项属于大数据主要特征的有（　　）。
    A. 海量的数据规模　　　　　　　B. 快速的数据流转
    C. 多样的数据类型　　　　　　　D. 价值密度低
3. 大数据的"数据类型多样化"是指大数据类型包含（　　）。
    A. 结构化数据　　　　　　　　　B. 半结构化数据
    C. 多结构化数据　　　　　　　　D. 非结构化数据
4. 下列选项属于非结构化数据的有（　　）。
    A. 图片　　　B. Excel 表　　　C. 视频　　　D. 关系数据库
5. 大数据的发展大致可分为（　　）。
    A. 事务化阶段　　　　　　　　　B. 网络化阶段
    C. 数字化阶段　　　　　　　　　D. 智能化阶段
6. 大数据作为一种数据集合，它的含义包括（　　）。
    A. 数据量大　　　　　　　　　　B. 很有价值
    C. 构成复杂　　　　　　　　　　D. 变化很快
7. 关于大数据的内涵，以下理解正确的有（　　）。
    A. 大数据是一种思维方式和新的管理、治理路径
    B. 大数据里面蕴藏着大知识、大智慧、大价值

C. 大数据在不同领域有不同的状况
D. 大数据就是很大的数据

8. 大数据的采集方法有（　　）。
   A. 系统日志采集　　　　　　　B. 网络数据采集
   C. 数据库采集　　　　　　　　D. 以上都不正确

9. 大数据的主要特征表现为（　　）。
   A. 数据容量大　　　　　　　　B. 商业价值高
   C. 处理速度快　　　　　　　　D. 数据类型多

10. 下列选项属于结构化数据的有（　　）。
    A. 企业ERP数据　　　　　　　B. 财务系统数据
    C. 视频监控数据　　　　　　　D. 日志数据

11. 下列行业已经使用了大数据技术的有（　　）。
    A. 教育行业　　　　　　　　　B. 医疗行业
    C. 财税行业　　　　　　　　　D. 农业

三、判断题

1. 数据真实性高是指数据必须符合完整性、可信性、准确性等要求。（　　）
2. 大数据分析的最终目标是使数据产生价值。（　　）
3. 对于大数据而言，最基本、最重要的要求就是减少错误、保证质量。因此，大数据收集的信息要尽量精确。（　　）
4. 大数据分析是大公司或是科技大厂的"专利"。（　　）
5. 大数据思维会把原来销售的概念变成服务的概念。（　　）
6. 虽然非结构化数据在大数据中的占比不断增大，但对结构化数据的分析处理更为重要，也更加困难。（　　）
7. 互联网与各行各业的融合已经成为各行各业进行改革创新的先导力量。（　　）
8. 借助大数据技术，天气预报可以做到100%准确与实时。（　　）
9. 大数据仅仅是指数据的体量大。（　　）
10. 大数据时代，企业的商业行为与经营决策将日益基于经验和直觉，而不再基于数据和分析。（　　）

任务二　大数据对会计行业的影响

专业应用能力训练

 简述题

根据《会计大数据基础》教材中项目一任务二的内容,结合自行搜集、整理的相关资料,简述大数据对会计行业的影响。

项目二

会计数据特征提取与分析思维

任务一 会计数据特征提取

知识认知能力训练

一、单项选择题

1. 在会计工作中，从不同的来源、渠道取得的各种原始会计资料称为（　　）。
   A. 结构化数据　　　　　　　　　B. 非结构化数据
   C. 会计数据　　　　　　　　　　D. 可处理数据
2. 下列选项中，（　　）不是会计数据处理的环节。
   A. 采集　　　　B. 加工　　　　C. 存储　　　　D. 上报
3. 会计信息与（　　）紧密融合，是大数据时代会计数据的明显特征。
   A. 会计处理　　　　　　　　　　B. 业务信息
   C. 互联网　　　　　　　　　　　D. 数字信息
4. 对于一些通过局部感知进行分析的模型来说，特征的（　　）至关重要。
   A. 排列顺序　　　　　　　　　　B. 轮廓曲度
   C. 图像区域　　　　　　　　　　D. 表象和形状
5. 在进行数据分析时，开展需求分析须优先完成的是（　　）。
   A. 对需求加以提炼、整合　　　　B. 对需求进行筛选
   C. 对需求进行排序　　　　　　　D. 对需求进行规划
6. 数据包括（　　）。
   A. 原始数据与当前数据　　　　　B. 数字数据与非数字数据
   C. 积累数据与新增数据　　　　　D. 可读数据与不可读数据

二、多项选择题

1. 会计数据处理的环节包括（　　）。
   A. 采集　　　　B. 录入　　　　C. 传输　　　　D. 加工

2. 大数据分析过程中，特征的（　　）等对于分析结果起到关键作用。
　　A. 数量　　　　　　　　　　　　B. 质量
　　C. 维度　　　　　　　　　　　　D. 组织形式
3. 特征提取的任务就是要通过对（　　）的数据挖掘，描绘出能够表达分析对象特征的一张"特征图"。
　　A. 多个来源　　　　　　　　　　B. 多个维度
　　C. 多个形式　　　　　　　　　　D. 多个信息
4. 分析模型对于特征的要求主要有（　　）。
　　A. 特征的类型和取值范围　　　　B. 特征之间的关联性
　　C. 特征的维度和样本空间　　　　D. 特征的排列
5. 传统数据密集型行业积极探索和布局大数据应用的表现有（　　）。
　　A. 打通多源跨域数据　　　　　　B. 提高分析与挖掘能力
　　C. 自行开发数据产品　　　　　　D. 实现科学决策与运营
6. 大数据应用的步骤包括（　　）。
　　A. 数据输入　　　　　　　　　　B. 建模分析
　　C. 使用决策支持工具输出结果　　D. 验证假设
7. 避免"数据孤岛"的方法包括（　　）。
　　A. 使用关键匹配变量　　　　　　B. 数据融合
　　C. 数据输入　　　　　　　　　　D. 利用样本框
8. 机器学习的四大类分析技术的主要算法包括（　　）。
　　A. 描述性统计　　　　　　　　　B. 聚类分析
　　C. 关联分析　　　　　　　　　　D. 分类与预测
9. 当前，大数据产业发展的特点是（　　）。
　　A. 规模较大　　　　　　　　　　B. 规模较小
　　C. 增速很快　　　　　　　　　　D. 多产业交叉融合

三、判断题

1. 没有哪种特征提取方法可以用于所有类型的数据，具体使用哪种特征提取方法，取决于待提取的数据类型。（　　）
2. 特征图中应尽量少地包含与分析对象相关的信息，以便更好地减少特征图中的"噪声"。（　　）
3. 为了提升特征图的"分辨率"，图中应尽量多地包含与分析对象相关的信息。（　　）
4. 在将特征输入模型之前，需要对其进行预处理，如归一化、连续化、离散化等。（　　）
5. 在特征提取的过程中，完全不需要考虑消除特征之间的关联性。（　　）
6. 对于机器学习算法，在样本分布均匀的情况下，样本空间越大，其训练效果越好，得到的机器学习模型准确率越高。（　　）

任务二　会计大数据分析思维

知识认知能力训练

一、单项选择题

1. 获取数据信息后，进行数据分析的第一步是对数据信息进行（　　）。
   A. 清洗　　　　　B. 采集　　　　　C. 存储　　　　　D. 筛选
2. 数据分析包括对数据进行（　　）、组合、排序、聚合、抽象、重组等。
   A. 分解　　　　　B. 清洗　　　　　C. 筛选　　　　　D. 投影
3. 对数据进行分析后，输出分析结果并给出评价，提出解决问题的方法和思路，进而做出决策或选择某种结果，是在（　　）这一步完成的。
   A. 数据信息获取　　　　　　　　　B. 应用数据解决问题
   C. 数据分析　　　　　　　　　　　D. 数据存储
4. 将取得的原始数据按一定的标准进行组别划分，让无序的数据变得有序，有一定的特征，这属于（　　）。
   A. 分类思维　　　B. 对比思维　　　C. 相关思维　　　D. 矩阵思维
5. 常用的四象限分类属于（　　）思维。
   A. 相关　　　　　B. 矩阵　　　　　C. 漏斗　　　　　D. 循环
6. 在四象限分类图中，重要但不紧急的事情处于（　　）象限。
   A. A　　　　　　B. B　　　　　　C. C　　　　　　D. D
7. PDCA 是（　　）思维。［注：PDCA 是英语单词 Plan（计划）、Do（执行）、Check（检查）和 Act（处理）的第一个字母的组合。］
   A. 循环　　　　　B. 矩阵　　　　　C. 漏斗　　　　　D. 分类
8. 购物篮分析属于（　　）。
   A. 描述性统计　　　　　　　　　　B. 聚类分析
   C. 关联分析　　　　　　　　　　　D. 分类与预测
9. 人力资源招聘过程中可应用（　　）思维进行招聘流程的分解和转化。
   A. 分类　　　　　B. 漏斗　　　　　C. 对比　　　　　D. 循环
10. 营运能力分析可以采用（　　）思维。
    A. 矩阵　　　　　B. 相关　　　　　C. 漏斗　　　　　D. 分类
11. 时间对比、空间对比、用户对比、竞品对比等都是（　　）常见的场景。
    A. 对比分析　　　　　　　　　　　B. 二八分析
    C. 四象限分析　　　　　　　　　　D. 漏斗分析

二、多项选择题

1. 数据分析思维包含了（　　）等方面。
   A. 数据流分析　　　　　　　　　　B. 数据信息获取
   C. 数据分析　　　　　　　　　　　D. 应用数据解决问题
2. 按照涉及自变量的多少，可以将回归分析分为（　　）。
   A. 线性回归分析　　　　　　　　　B. 非线性回归分析
   C. 一元回归分析　　　　　　　　　D. 多元回归分析
3. 建立数据分析思维，需要遵循的步骤是（　　）。
   A. 深刻理解业务　　　　　　　　　B. 建立数据采集思路
   C. 提供优化策略　　　　　　　　　D. 提供可视化展示
4. 对比分析包含（　　）。
   A. 趋势分析　　　　　　　　　　　B. 横向对比
   C. 差异分析　　　　　　　　　　　D. 纵向对比
5. 常用的数据分析思维有（　　）。
   A. 对比思维　　　　　　　　　　　B. 分类思维
   C. 矩阵思维　　　　　　　　　　　D. 漏斗思维
6. PDCA 是英语单词（　　）的缩写。
   A. Plan（计划）　　　　　　　　　B. Do（执行）
   C. Check（检查）　　　　　　　　 D. Act（处理）
7. 在相关思维中，事物的相关性一般有（　　）。
   A. 正相关　　　B. 负相关　　　C. 不相关　　　D. 线性相关
8. 从销售增长率和相对市场占有率这两个维度，可以将公司产品或业务划分为（　　）产品或业务。
   A. 明星　　　　B. 瘦狗　　　　C. 问题　　　　D. 金牛

三、判断题

1. 一般情况下，数据分析思维包含数据信息获取、数据分析、应用数据整理问题三个方面。（　　）
2. 建立数据分析思维，提升数据分析思维能力，需要遵循建立数据采集思维、提供优化策略这两个步骤。（　　）
3. 大数据时代，数据使用的关键是数据分析。（　　）
4. 数据分析中的相关思维不仅是一种思维方式，更是一种落地实践。高质量的数据分析应用循环体系可以帮助企业打造强大的数字化转型能力，进而在大数据时代实现高效的数字化运营。（　　）

项目三

大数据分析的基本框架

任务一 大数据分析的环境与类型

知识认知能力训练

一、单项选择题

1. 描述性分析解决的问题是（　　）。
   A. 为什么会发生　　　　　　　　B. 已经发生了什么
   C. 我们应该做什么　　　　　　　D. 未来可能发生什么
2. 诊断性分析解决的问题是（　　）。
   A. 为什么会发生　　　　　　　　B. 已经发生了什么
   C. 我们应该做什么　　　　　　　D. 未来可能发生什么
3. 预测性分析解决的问题是（　　）。
   A. 为什么会发生　　　　　　　　B. 已经发生了什么
   C. 我们应该做什么　　　　　　　D. 未来可能发生什么
4. 规范性分析解决的问题是（　　）。
   A. 为什么会发生　　　　　　　　B. 已经发生了什么
   C. 我们应该做什么　　　　　　　D. 未来可能发生什么

二、多项选择题

1. 常用描述性统计分析指标有（　　）。
   A. 平均值　　　　B. 方差　　　　C. 标准差　　　　D. 中位数
2. 数据的来源主要有（　　）。
   A. 互联网　　　　　　　　　　　B. 公开出版物
   C. 市场调查　　　　　　　　　　D. 企业内部数据库
3. 数据清洗是指发现并纠正数据存在的错误，这些错误主要包括（　　）。
   A. 数据缺失　　　B. 数据错误　　　C. 数据重复　　　D. 数据展开

4. 数据错误一般包括（　　）。
   A. 数据值错误　　　　　　　　　B. 数据格式错误
   C. 数据类型错误　　　　　　　　D. 数据值异常
5. 数据加工过程通常包括（　　）。
   A. 数据抽取　　　　　　　　　　B. 数据转换
   C. 数据计算　　　　　　　　　　D. 数据匹配

三、判断题

1. 大数据分析是将原始形式的数据处理成业务信息。　　　　　　　　（　　）
2. 对所属的业务领域知识的了解会使你的数据分析模型更加准确。　　（　　）
3. 大数据分析就是描述性分析。　　　　　　　　　　　　　　　　　（　　）
4. 规范性分析告诉我们发生了什么，诊断性分析用来找到问题。　　　（　　）
5. 通过分析现有数据预测未来可能发生的情况称为预测性分析。　　　（　　）

任务二　大数据分析的基本步骤

知识认知能力训练

一、单项选择题

1. 按照确定的数据分析框架，有选择地收集相关数据，属于数据分析步骤中的（　　）。
   A. 数据处理　　　　　　　　　　B. 数据收集
   C. 数据分析　　　　　　　　　　D. 数据展现
2. 下列选项中，（　　）不属于数据的主要来源。
   A. 问卷调查　　　　　　　　　　B. 企业内部数据库
   C. 局域网　　　　　　　　　　　D. 机器、传感器数据
3. 数据分析的最后一个步骤是（　　）。
   A. 撰写报告　　　　　　　　　　B. 数据展现
   C. 数据收集　　　　　　　　　　D. 数据分析
4. 展现数据一般使用（　　）呈现。
   A. 表格和图形　　　　　　　　　B. 图形和影音
   C. 文字和影音　　　　　　　　　D. 表格和影音

5. 在数据分析的需求收集过程中不需要做的是（　　）。
   A. 记录需求类型　　　　　　　　B. 记录需求来源
   C. 记录需求提出者　　　　　　　D. 记录需求沟通场所
6. 对线下零售而言，做好大数据分析应用的前提是（　　）。
   A. 增加统计种类　　　　　　　　B. 扩大营业面积
   C. 增加数据来源　　　　　　　　D. 开展优惠促销

二、多项选择题

1. 大数据收集的数据来源一般有（　　）。
   A. 数据库　　　　　　　　　　　B. 公开出版物
   C. 互联网　　　　　　　　　　　D. 市场调查
2. PEST 分析法是从（　　）这几个方面，基于公司战略来分析企业外部宏观环境的一种方法。
   A. 政治　　　　B. 经济　　　　C. 社会　　　　D. 技术
3. 可以通过收集公司相关资料、（　　）来提高数据分析预测的准确性。
   A. 会议纪要　　　　　　　　　　B. 行业相关报告
   C. 专业人士的研究报告　　　　　D. 发展规划
4. 数据分析包含如下几个步骤：明确思路、收集数据、（　　）。
   A. 处理数据　　　　　　　　　　B. 分析数据
   C. 展现数据　　　　　　　　　　D. 撰写报告
5. 在明确需要分析的问题或目标时，可参照的方法论有（　　）。
   A. 用户行为理论　　　　　　　　B. PEST 分析法
   C. 5W2H 分析法　　　　　　　　D. SWOT 分析法
6. 数据处理主要包括（　　）。
   A. 数据清洗　　　　　　　　　　B. 数据转化
   C. 数据提取　　　　　　　　　　D. 数据计算
7. 下列选项属于常见统计模型的有（　　）。
   A. 线性回归模型　　　　　　　　B. 地中海模型
   C. 决策树模型　　　　　　　　　D. 随机森林模型

三、判断题

1. 明确数据分析的目的及思路是确保数据分析过程有效进行的首要条件。（　　）
2. 处理数据是指对收集到的数据进行加工整理，形成适合数据分析的样式。（　　）
3. 数据分析包含明确思路、收集数据、处理数据、分析数据、展现数据、撰写报告等六个步骤。（　　）

4. 一个好的分析报告应该包括标题、目录、分析背景与分析目的、分析思路、分析正文、结论和建议、附录等内容。（　　）

5. 数据清洗的任务是过滤那些不符合数据分析要求或自身异常的数据。（　　）

6. 分析数据要求分析师只要熟练掌握各种数据分析方法。（　　）

项目四

数据库设计基础与设计步骤

任务　掌握数据库设计基础知识与设计步骤

知识认知能力训练

一、单项选择题

1. 数据库（Database）是按照数据结构来组织、存储和管理数据的仓库，是一个长期存储在计算机内的、有组织的、可共享的、统一管理的大量数据的集合。下列选项不属于数据库产品的是（　　）。

   A. Oracle　　　　　B. SQL Server　　　　C. DB2　　　　　D. Window

2. 下列说法不正确的是（　　）。

   A. 数据库减少了数据冗余　　　　B. 数据库中的数据可以共享

   C. 数据库避免了一切数据的重复　D. 数据库具有较高的数据独立性

3. （　　）由一列或多列组成，其值标识了表中的特定记录，确保没有重复的记录。

   A. 行　　　　　　B. 列　　　　　　C. 主键　　　　　D. 外键

4. 一张表中的某个列不能唯一地标识记录，但它与另一张表中的主键相对应，则称这个列为（　　）。

   A. 主键　　　　　B. 外键　　　　　C. 连接键　　　　D. 外接键

5. 公司中有多个部门和多名职员，每个职员只能属于一个部门，一个部门可以有多名职员，从职员到部门的联系类型是（　　）。

   A. 多对多　　　　B. 一对一　　　　C. 多对一　　　　D. 一对多

6. （　　）是用于访问和处理数据库的标准的计算机语言。

   A. Python　　　　B. SQL　　　　　C. MySQL　　　　D. C

7. 创建数据库的语法为（　　）。

   A. Create database 数据库名　　　　B. Create 数据库名 database

   C. Database create 数据库名　　　　D. 数据库名 database create

8. 数据库的特点之一是数据共享，严格地讲，这里的数据共享是指（　　）。

   A. 同一个应用中的多个程序共享一个数据集合

B. 多个用户、同一种语言共享数据

C. 多个用户共享一个数据文件

D. 多种应用、多种语言、多个用户相互覆盖地使用数据集合

9. 下列关于数据库系统的叙述正确的是（　　）。

　　A. 数据库系统减少了数据冗余

　　B. 数据库系统避免了一切冗余

　　C. 数据库系统中数据的一致性是指数据类型一致

　　D. 数据库系统比文件系统能管理更多的数据

10. 数据库系统的特点是（　　）、数据独立、减少数据冗余、避免数据不一致和加强了数据保护。

　　A. 数据共享　　　　　　　　　B. 数据存储

　　C. 数据应用　　　　　　　　　D. 数据保密

11. 下列选项不属于数据库系统特点的是（　　）。

　　A. 数据共享　　　　　　　　　B. 数据完整性

　　C. 数据冗余度高　　　　　　　D. 数据独立性高

12. （　　）是关系表中记录的唯一标识。

　　A. 索引　　　B. 列　　　C. 主键　　　D. 外键

13. 创建表的语句是（　　）。

　　A. Create table 表名　　　　　B. Create Database 表名

　　C. Create tables 表名　　　　 D. table 表名 Create

14. 下列操作能够实现表级完整性的是（　　）。

　　A. 设置唯一键　　　　　　　　B. 设置外键

　　C. 减少数据冗余　　　　　　　D. 设置主键

15. 下列关于关系数据中主键的说法正确的是（　　）。

　　A. 可以创建唯一的索引，允许空值　　B. 只允许以表中第一个字段建立

　　C. 允许有多个主键　　　　　　　　　D. 主键在表中唯一地标志一个记录

二、多项选择题

1. 数据库的发展先后经历了（　　）等阶段。

　　A. 层次数据库　　　　　　　　B. 网状数据库

　　C. 关系数据库　　　　　　　　D. SQL 数据库

2. 可以对数据库中数据表的记录进行的操作有（　　）。

　　A. 增加　　　B. 删除　　　C. 修改　　　D. 查询

3. 关系数据模型的优点有（　　）。

　　A. 结构简单　　　　　　　　　B. 适用于集合操作

　　C. 有标准语言　　　　　　　　D. 可表示复杂的语义

4. 规划数据库的准备工作有（　　）。

　　A. 收集信息　　　　　　　　　B. 确定对象

C. 建立对象模型 D. 确定对象属性
5. 关系数据库中表间关系通常包括（　　）。
   A. 1∶1　　　　　B. M∶N　　　　　C. N∶1　　　　　D. 1∶N
6. 使用SQL语句可以实现（　　）。
   A. 创建数据库 B. 创建表
   C. 插入、删除、更新数据 D. 查询数据
7. 创建数据库的步骤有（　　）。
   A. 明确需求，整理需求 B. 整理出表的结构
   C. 确定表间关系 D. 创建数据库与表

三、判断题

1. 如果一个工人可管理多个设施，而一个设施只被一个工人管理，则实体"工人"与实体"设备"之间存在一对多联系。（　　）
2. 数据库设计是数据库应用的核心。（　　）
3. 在关系数据库中，用来表示实体之间联系的是网状结构。（　　）
4. 在二维表中，元组的分量不能再分成更小的数据项。（　　）
5. 一个关系表的行称为属性。（　　）
6. 在数据表中，行与列的逻辑顺序无关紧要。（　　）
7. 作为主键的列的数据不可以重复。（　　）
8. 学习关系数据库需要掌握表结构设计与表间关系。（　　）

专业应用能力训练

四、操作题

根据固定资产表结构，写出固定资产表（assets）的创建语句（备注是为了描述列名称，无须创建）。

列名称	数据类型	备注
zcbh	Varchar(10)	资产编号
zcmc	Varchar(50)	资产名称
synx	Int	使用年限
zcyz	Decimal(10,2)	资产原值

项目五

应用 MySQL 数据库建立财务模型

任务一 初始 MySQL 数据库

知识认知能力训练

一、单项选择题

1. 创建数据库 mytest，使用的语句是（　　）。
   A. create mytest
   B. create table mytest
   C. database mytest
   D. create database mytest
2. 插入数据的语句是（　　）。
   A. INSERT INTO 表名(字段,……) VALUES(值,……)
   B. UPDATE 表名(字段,……) VALUES(值,……)
   C. APPEND 表名(字段,……) VALUES(值,……)
   D. INSERT 表名(字段,……) VALUES(值,……)
3. 查询数据的语句是（　　）。
   A. QUERY 字段,……FROM 表名
   B. SELECT 字段,……FROM 表名
   C. SELECT FROM 表名
   D. SELECT 表名 WHERE 条件
4. 删除数据的语句是（　　）。
   A. SELECT * FROM 表名
   B. DELETE * FROM 表名
   C. DELETE FROM 表名
   D. DELETE 字段,……FROM 表名
5. 更新语句的关键字是（　　）。
   A. DELETE　　　B. SELECT　　　C. UPDATE　　　D. INSERT
6. 查询语句、更新语句、删除语句后可接条件，条件的关键字为（　　）。
   A. WHERE　　　B. CONDITION　　　C. THEN　　　D. ORDER BY
7. 查询语句中各字段使用（　　）分隔。
   A. 空格　　　B. 逗号　　　C. 顿号　　　D. 冒号
8. SQL 是一种（　　）语言。
   A. 函数型
   B. 高级算法

C. 关系数据库 D. 人工智能

9. 删除数据表用（　　）语句。

　　A. UPDATE　　　　B. DELETE　　　　C. DELETED　　　　D. DROP

10. select count(sal) from emp group by deptno，其中 sal 表示工资，emp 表示部门，deptno 表示部门编号，则该语句意思是（　　）。

　　A. 求每个部门中的工资　　　　　　B. 求每个部门中工资的大小

　　C. 求每个部门中工资的总和　　　　D. 求每个部门中工资的条数

11. 为数据表创建索引的目的是（　　）。

　　A. 提高查询的检索性能　　　　　　B. 归类

　　C. 创建唯一索引　　　　　　　　　D. 创建主键

12. SELECT 语句的完整语法较复杂，但至少应包括的部分是（　　）。

　　A. 仅 SELECT　　　　　　　　　　B. SELECT，FROM

　　C. SELECT，GROUP　　　　　　　 D. SELECT，INTO

13. SQL 语句中的条件以（　　）来表达。

　　A. THEN　　　　B. WHILE　　　　C. WHERE　　　　D. IF

14. 若要删除数据库中已经存在的表 S，可用语句（　　）。

　　A. DELETE TABLE S　　　　　　　B. DELETE S

　　C. DROP S　　　　　　　　　　　D. DROP TABLE S

15. 若要查找姓名不是 NULL 的记录，可用语句（　　）。

　　A. WHERE NAME NULL　　　　　　B. WHERE NAME NOT NULL

　　C. WHERE NAME IS NOT NULL　　 D. WHERE NAME ！＝NULL

16. 语句 DELETE FROM employee 的作用是（　　）。

　　A. 删除当前数据库中整个 employee 表，包括表结构

　　B. 删除当前数据库中 employee 表内的所有行

　　C. 由于没有 WHERE 子句，因此不删除任何数据

　　D. 删除当前数据库中 employee 表内的当前行

二、多项选择题

1. 下列说法正确的有（　　）。

　　A. 关键字只能由单个的属性组成

　　B. 在一个关系中，关键字的值不能为空

　　C. 一个关系中的所有候选关键字均可以被指定为主关键字

　　D. 关键字是关系中能够用来唯一标识元组的属性

2. MySQL 支持的逻辑运算符有（　　）。

　　A. &&　　　　B. ||　　　　C. not　　　　D. and

3. 下列逻辑运算符的优先级排列不正确的有（　　）。

　　A. and、not、or　　　　　　　　　B. not、and、or

　　C. or、not、and　　　　　　　　　D. or、and、not

4. 后面可以加 WHERE 子句的有（　　）语句。
   A. INSERT　　　　B. SELECT　　　　C. UPDATE　　　　D. DELETE
5. 关于 WHERE 子句，下列说法正确的有（　　）。
   A. 查询语句中可以使用一张或多张表，并使用 WHERE 子句来设定查询条件
   B. 可以在 WHERE 子句中指定任何条件
   C. 可以使用 and 或者 or 指定多个条件
   D. WHERE 子句可以用在 UPDATE、DELETE 和 SELECT 语句后
6. WHERE 子句中常用的逻辑运算符有（　　）。
   A. not　　　　B. and　　　　C. or　　　　D. !=
7. 对于删除操作，下列说法正确的有（　　）。
   A. drop database 数据库名：删除数据库
   B. drop table 表名：删除表
   C. delete from 表名：删除表中的当前记录
   D. delete from 表名 where 字段名＝值：删除符合条件的记录
8. 下列关于主键的说法正确的有（　　）。
   A. 可以是表中的一个字段
   B. 是确定数据表中唯一记录的标识字段
   C. 不可以是表中的多个字段组成的
   D. 该字段不可为空也不可以重复
9. 下列关于关系的描述正确的有（　　）。
   A. 行在表中的顺序无关紧要　　　　B. 表中任意两行的值不能相同
   C. 列在表中的顺序无关紧要　　　　D. 表中任意两列的值不能相同
10. 下列数据属于字符型的有（　　）。
    A. "1+2"　　　　　　　　　　　　B. 中国
    C. "can·t"　　　　　　　　　　　D. "张三-李四"
11. 假设表 A 有三个字段，下列关于 insert 语句的写法正确的有（　　）。
    A. insert into 表名 values(字段1对应的值)
    B. insert into 表名 values(字段1对应的值,字段2对应的值)
    C. insert into 表名(字段1) values(字段1对应的值)
    D. insert into 表名(字段1,字段2) values(字段1对应的值,字段2对应的值)

三、判断题

1. 逻辑值的"真"和"假"可以用逻辑常量 TRUE 和 FALSE 表示。（　　）
2. MySQL 数据库管理系统只能在 Windows 操作系统下运行。（　　）
3. 结构化查询语言只涉及查询数据的语句，并不包括修改和删除数据的语句。
   （　　）
4. 一条 DELETE 语句不能删除多行记录。（　　）
5. MySQL 中也有 max、min、sum 等函数。（　　）

6. 对于删除与更新操作，要确认是否要加 WHERE 语句。　　　　　(　　)
7. FROM 子句后必须有 WHERE 子句。　　　　　　　　　　　　　(　　)
8. 可以在 WHERE 子句中指定任何条件。　　　　　　　　　　　　(　　)
9. WHERE 子句中使用 and 或 or 指定一个或多个条件。　　　　　(　　)
10. 查询语句中可使用一张或多张表，表之间用逗号分隔。　　　　(　　)
11. 当一个表中的所有行都被删除后，该表也同时被删除了。　　　(　　)

任务二　财务数据整理及分析常用的函数

知识认知能力训练

一、单项选择题

1. 下列聚合函数中，求平均数的是（　　）。
   A. count　　　B. max　　　C. avg　　　D. sum
2. MySQL 中四舍五入函数是（　　）。
   A. ceil　　　B. floor　　　C. round　　　D. abs
3. 下列聚合函数中，求数据总和的是（　　）。
   A. max　　　B. sum　　　C. count　　　D. avg
4. 假设表 a 中记录了学生的各科成绩数据，用于统计"课程"是"大数据基础"这门课的最高"成绩"的语句是（　　）。
   A. select max(成绩) from a where 课程='大数据基础'
   B. select max(成绩) from a 课程='大数据基础'
   C. select 成绩 from a where max(成绩)>80
   D. select 成绩 from a where 成绩>80
5. 可以从表中返回记录数的函数是（　　）。
   A. max　　　B. min　　　C. count　　　D. abs
6. 对数据进行分组，使用的是（　　）。
   A. order by　　　B. where　　　C. group　　　D. group by
7. 对查询的数据进行排序，使用的是（　　）。
   A. order　　　B. order by　　　C. group by　　　D. by
8. 按照班级（classes）进行分组的语句是（　　）。
   A. order by classes　　　　　　B. order classes
   C. group by classes　　　　　　D. group classes
9. 按照姓名（name）降序排列的语句是（　　）。
   A. order by desc name　　　　B. order by name desc

  C. order by name asc   D. order by asc name

10. "select sum(income) from table1"表示的是（　　）。

  A. 求 income 的最大值   B. 求 income 的最小值

  C. 统计 income 的个数   D. 求 income 的和

11. MySQL 中取绝对值的函数是（　　）。

  A. ceil   B. floor   C. round   D. abs

12. 如果需要在查询的记录中进行去重处理，需要使用（　　）函数。

  A. distinct   B. count   C. remove   D. single

二、多项选择题

1. 下列关于语句的表述正确的有（　　）。

  A. order by 放在 group by 之后

  B. 使用 group by，在 select 中一定要有聚合函数

  C. group by 放在表名后，如果有 where 子句，那么放在 where 子句后

  D. 语句中可以只有 order by 或 group by，或两者都可以没有

2. 在对记录进行升序或降序排序时，order by 后使用的关键字有（　　）。

  A. asc   B. desc   C. order   D. by

3. 对数据进行取整的函数有（　　）。

  A. ceil   B. floor   C. round   D. abs

4. 下列说法正确的有（　　）。

  A. 一个聚合函数中只可以有一个字段

  B. 一个聚合函数中可以有多个字段

  C. 当查询语句中除了聚合字段外还有其他非聚合字段时，需要在语句后加上"order by 非聚合字段"

  D. 当查询语句中除了聚合字段外还有其他非聚合字段时，需要在语句后加上"group by 非聚合字段"

5. 下列语句的写法正确的有（　　）。

  A. select sum(sale_num),product_name from accounts

  B. select sum(sale_num),product_name from accounts group by product_name

  C. select sum(sale_num),product_name from accounts order by product_name

  D. select sum(sale_num),product_name from accounts group by product_name order by product_name

三、判断题

1. 四舍五入函数 round 可以指定小数位数。　　　　　　　　　　　　　　（　　）

2. group by 的作用是进行分组，一般与聚合函数一起使用。　　　　　　（　　）

3. order by 排序有升序与降序两种，升序关键字为 desc，降序关键字为 asc。（   ）
4. ceil 函数的作用是向下取整。（   ）
5. floor 函数的作用是向上取整。（   ）
6. max 与 min 函数只能用于数值型字段。（   ）

专业应用能力训练

四、操作题

名为"account_info"的数据表中记录如下：

uuid	product_name	income	cost	sale_date	sale_num	sale_price	cost_price
00001	产品A	1379.87	238.24	2020-10-21	84.67	16.3	2.81
00002	产品B	2781.31	4078.96	2020-10-22	89.06	31.23	45.8
00003	产品C	8893.27	7653.59	2020-10-19	89.96	98.97	85.17
00004	产品D	1171.03	686.7	2020-10-11	71.33	16.42	NULL
00005	产品E	1428.47	6324.22	2020-10-25	55.85	25.58	113.24
00006	产品F	9519.28	2345.25	2020-10-29	45.61	208.72	51.42
00007	产品G	2288.56	2679.57	2020-10-21	12.97	176.44	206.59
00008	产品H	8177.03	3062.68	2020-10-23	68.82	118.82	44.5
00009	产品I	7920.36	3803.42	2020-10-26	14.29	554.27	266.17
00010	产品J	6185.89	1040.76	2020-10-01	41.86	144.32	24.28
00011	产品A	1630	281	2020-10-27	100	16.3	2.81

请根据需求写出对应的 SQL 语句，若未指明选取的字段，则默认为所有字段（*）。

（1）查询出所有"产品 A"的记录。

（2）查询出"sale_date"在 2020 年 10 月 29 日之前的"产品 A"的记录，并按"sale_num"降序排序。

（3）查询出"cost"的最大值。

（4）查询出"income"大于 5000 的记录条数。

任务三　工资表数据建模及关联关系设置

专业应用能力训练

操作题

按以下说明与要求，使用 Workbench 创建数据库与表。
（1）数据库名为"accounts_receivable"。
（2）员工表设计如下：

Staff_info		
字段	类型	描述
Staffid	Varchar(32)	员工 ID（主键）
Name	Varchar(32)	员工姓名
Sex	Char(1)	员工性别
Birthday	Varchar(32)	出生日期

（3）员工薪资表设计如下：

Salary_info		
字段	类型	描述
Uuid	Varchar(32)	员工薪资 ID（主键）
Staffid	Varchar(32)	员工 ID
Date	Varchar(32)	发薪日期
Salary	Float	工资

（4）设置员工表和员工薪资表之间的关联。
（5）根据模型生成数据库。

项目六

Python 语言基础

任务一　财会人员为何要学习 Python

知识认知能力训练

 简述题

根据《会计大数据基础》教材中项目六任务一的内容，结合自行搜集、整理的相关资料，简述 Python 语言在大数据应用方面的优势。

任务二 财会人员的第一行 Python 代码

知识认知能力训练

一、单项选择题

1. 用 print() 函数打印每个文本，遇到逗号","会输出的内容是（　　）。
   A. ,　　　　　　　B. 空格　　　　　　C. /　　　　　　D. 。

2. Python 代码中进行单行注释，使用（　　）。
   A. ′ ′ ′　　　　　B. " " "　　　　　　C. #　　　　　　D. //

3. 执行以下语句后输出的结果是（　　）。
   　　str1 = ′金额′
   　　print(′本月销售多少′,str1)
   A. 本月销售多少金额
   B. 本月销售多少′金额′
   C. 本月销售多少 金额
   D. 本月销售多少，金额

4. 下列变量的命名错误的是（　　）。
   A. cost　　　　B. 1_cost　　　　C. C_1　　　　D. Cost_1

5. 变量 a=input()，如果此时输入数字 10，返回的数据类型为（　　）。
   A. 数值　　　　B. 整型　　　　C. 字符串　　　　D. 空值

6. 执行以下语句，输出的结果是（　　）。
   　　a = 100
   　　b = a
   　　a = 200
   　　print（b）
   A. a　　　　　B. b　　　　　C. 100　　　　　D. 200

7. 下列说法错误的是（　　）。
   A. Python 代码编写中，符号均为英文状态下输入
   B. Python 中区分大小写，Print( ) 与 print( ) 不是同一个函数
   C. Python 代码编写中，不允许有以#开头的注释
   D. 当内置函数无法满足数据处理需求时，我们可以自定义函数

8. 执行以下语句，输出的结果是（　　）。
   　　print(′本月库存现金余额为′,′10000′,′元′)
   A. 本月库存现金余额为 10000 元
   B. 本月库存现金余额为10000元
   C. 本月库存现金余额为,10000,元
   D. ′本月库存现金余额为′,′10000′,′元′

9. 关于 Python 语言的特点，下列选项描述不正确的是（　　）。
   A. Python 拥有海量的第三方库　　　　B. Python 无法引用第三方库
   C. Python 是最好的大数据语言之一　　D. Python 是容易上手的编程语言
10. 关于 Python 语言的注释，下列选项描述错误的是（　　）。
    A. Python 语言的单行注释以#开头
    B. Python 语言的单行注释以单引号'开头
    C. Python 语言的多行注释以'''（三个单引号）开头和结尾
    D. Python 语言有两种注释方式：单行注释和多行注释
11. 下列对 Python 程序缩进格式的描述错误的是（　　）。
    A. 不需要缩进的代码顶行写，前面不能留空白
    B. 缩进可以用【Tab】键实现，也可以用多个空格实现
    C. 严格的缩进可以约束程序结构，可以多层缩进
    D. 缩进是用来格式美化 Python 程序的
12. Python 语言语句块的标记是（　　）。
    A. 分号　　　　B. 逗号　　　　C. 缩进　　　　D. /
13. 语句 print("hello"+' '+"Python")的输出结果为（　　）。
    A. helloPython　　　　　　　　　B. hello Python
    C. hello+Python　　　　　　　　 D. hello+''+Python
14. 下列关于 print( ) 函数的书写错误的是（　　）。
    A. print(3+2)　　　　　　　　　 B. print("我喜欢用 Python")
    C. print("@@@")　　　　　　　　D. print(Hello Python)
15. 下列关于注释的描述错误的是（　　）。
    A. 注释是用自己熟悉的语言在程序中对某些代码进行标注说明
    B. 在代码中添加注释，能够增强程序的可读性
    C. 注释中的内容在程序执行时也会一起执行
    D. Python 中的注释以#开头，#右边的所有内容作为解释，起辅助说明作用
16. 下列关于变量名的命名要求错误的是（　　）。
    A. 变量名可以包含字母、数字、下划线，不能以数字开头
    B. 变量名可以使用中文
    C. 变量名可以包含任意字符
    D. 变量名不能与 Python 关键字同名
17. 下列选项不符合 Python 语言变量命名规则的是（　　）。
    A. I　　　　　　B. a*1　　　　　C. _AI　　　　　D. TempStr

二、多项选择题

1. 下列关于注释的描述正确的有（　　）。
   A. 单行注释用井号（#）标识
   B. 编写注释的主要目的是阐述代码要做什么，以及是如何做的

C. 写不写注释无所谓

D. 必须编写有意义的注释

2. Python 中用于输入和输出的函数有（　　）。

    A. msgbox( )　　　　B. print( )　　　　C. input( )　　　　D. message( )

3. 下列操作符可用作注释的有（　　）。

    A. #　　　　　　　　B. ' ' '　　　　　　C. " " "　　　　　　D. \ \ \

4. Python 代码中可以使用（　　）进行缩进来区分代码块之间的层次。

    A. 空格　　　　　　　B. { }　　　　　　　C. ( )　　　　　　　D. tab

5. 关于输入与输出函数，下列说法正确的有（　　）。

    A. print('我有','500','元') 会打印输出 3 个文本

    B. amount=input('请输入数量')，打印输出的 amount 为字符串

    C. print( ) 函数中的括号、引号需要在英文状态下输入，单引号和双引号都可使用

    D. input( ) 函数的内容可以赋值给变量，print( ) 函数可以输出一个变量的值

6. 关于 Python 的内存管理，下列说法正确的有（　　）。

    A. 变量不必事先声明

    B. 变量无须先创建和赋值，可以直接使用

    C. 变量无须指定类型

    D. 变量本身没有任何含义，它会根据不同的数据表示不同的意义，重新赋值后，含义改变

7. 关于变量命名，下列说法正确的有（　　）。

    A. 变量命名不能使用关键字　　　　　　B. 变量命名不能以数字开头

    C. 变量命名不能使用中文　　　　　　　D. 变量命名可以用英文字母开头

三、判断题

1. 变量本身没有任何含义，它会根据不同的数据表示不同的意义。（　　）

2. 在 Python 中可以使用 "in" 作为变量名。（　　）

3. 遇到以 "#" 开头的语句，Python 不会执行。（　　）

4. input( ) 函数用于接受一个标准输入数据，返回的数据类型为字符串。（　　）

5. Python 三引号允许一个字符串跨多行，字符串中可以包含换行符、制表符及其他特殊字符。（　　）

6. Python 中不区分大小写，Print( ) 与 print( ) 是相同的。（　　）

专业应用能力训练

四、案例题

1. 根据要求完成代码：让用户输入自己的姓名，然后输出"欢迎 xx 学习 Python"（xx 为输入的姓名）。

```
name = _____('请输入你的姓名：')
_____
```

2. 公司销售乙产品取得不含税收入 20000 元，增值税税率 13%，请编写符合计算"应交税费-应交增值税-销项税额"的代码。

```
income = 20000            #收入
taxrate = 0.13            #税率
_____             #计算销项税额，outputtax 变量接收计算结果
print('应交税费-应交增值税-销项税额为', outputtax)
```

任务三　会计信息与 Python 数据类型

知识认知能力训练

一、单项选择题

1. 下列转义字符表示制表符的是（　　）。
   A. \'   B. \"   C. \t   D. \\
2. 浮点数的简写是（　　）。
   A. int   B. integer   C. float   D. double
3. 使字符串内第一个英文字符大写、其余英文字符小写的函数是（　　）。
   A. lower( )   B. upper( )   C. title( )   D. capitalize( )
4. 将字符串插入序列中的每个元素之间，拼接为新字符串的函数是（　　）。
   A. strip( )   B. replace( )   C. join( )   D. len( )
5. 在字符串的区间内统计指定字符串的出现次数的函数是（　　）。
   A. len( )   B. count( )   C. find( )   D. sum( )

6. replace( )函数用来使用新字符串替换指定的旧字符串,其第（   ）个参数为新字符串。
   A. 1   B. 2   C. 3   D. 4

7. 如果想将文章中每个英文单词的首字母变为大写,其余字母小写,可使用（   ）函数。
   A. capitalize( )   B. upper( )   C. title( )   D. lower( )

8. 可以将符合整数规范的字符串类数据转为整数的函数是（   ）。
   A. str( )   B. convert( )   C. int( )   D. float( )

9. 在Python中处理时间常用的模块是（   ）。
   A. date   B. Datetime   C. datetime   D. time

10. 执行表达式"'会计'+'基础'*2",输出的结果是（   ）。
    A. '会计2基础'   B. '会计会计基础'
    C. '会计基础基础'   D. '会计基础会计基础'

11. 字符串str1="应交税费-应交增值税-销项税额",执行语句str1[5:10],输出的结果为（   ）。
    A. -应交增值税   B. 应交增值税-
    C. 交增值税   D. 应交增值税

12. 执行语句print('本年%d月份银行存款发生额是%.2f元'%(3,3666.677)),输出的结果是（   ）。
    A. 本年3月份银行存款发生额是3666.68元
    B. 本年3月份银行存款发生额是3666.677元
    C. 本年3月份银行存款发生额是3666.67元
    D. 本年3月份银行存款发生额是3666.6元

13. 任意长度的Python字符串中的最后一个元素下标为（   ）。
    A. 1   B. -1   C. 0   D. 2

14. Python字符串中的第一个元素下标为（   ）。
    A. 1   B. -1   C. 0   D. 2

15. 表达式'%s'%75==str(75)的值为（   ）。
    A. 语法错误   B. 75   C. True   D. False

16. 字符串a='ABcd',执行语句a.upper( ),输出的结果是（   ）。
    A. 'ABCD'   B. 'Abcd'   C. 'abcd'   D. 'abcD'

17. a='123',b='45',c=a+b,执行语句c[1:4]输出结果是（   ）。
    A. '123'   B. '234'   C. '2345'   D. '1234'

18. 执行以下语句,要使输出的结果是"主营业务成本科目发生额是30000.12元",则format( )中可以填入的是（   ）。
    print('{account}科目发生额是{amount:.2f}元'.format( ))
    A. account='主营业务成本',amount=30000.123
    B. '主营业务成本',30000.123
    C. account='主营业务成本',amount=30000.126

D. '主营业务成本',30000.111
19. 已知 x=50*2,y=50**2，那么执行语句 x!=y，返回的结果为（　　）。
    A. 100   B. 2500   C. True   D. False
20. 表达式 True or False and False 的输出结果为（　　）。
    A. 0   B. 1   C. True   D. False
21. 表达式(6 and 2)+3**2 的输出结果为（　　）。
    A. 8   B. 9   C. 11   D. 15

二、多项选择题

1. 在 Python 中数字可以分为（　　）。
   A. 整数   B. 单精度数   C. 双精度数   D. 浮点数
2. 字符串的内容须置于引号内，引号可以是（　　）。
   A. 单引号   B. 多引号   C. 双引号   D. 三引号
3. Python 中常用的占位符有（　　）。
   A. %   B. { }   C. [ ]   D. ( )
4. Python 占位符%可和不同的字母组合，以区分变量类型，下列组合正确的有（　　）。
   A. %d   B. %s   C. %f   D. %i
5. 处理日期和时间与日期和时间格式的字符串，使其可互相转化，使用的函数有（　　）。
   A. strptime( ) B. strtotime( ) C. strftime( )   D. timetostr( )
6. 常用的日期和时间类型有（　　）。
   A. date   B. datetime   C. time   D. timedelta
7. 下列运算符使用正确的有（　　）。
   A. 10+'10'   B. '10'+'b'   C. 5*'a b'   D. 10%3
8. 下列关于字符串的说法正确的有（　　）。
   A. 单个字符可视为长度为 1 的字符串
   B. 既可以使用单引号，也可以使用双引号创建字符串
   C. 字符串负索引从右到左，默认从-1 开始
   D. 在三引号字符串中可以包含换行回车等特殊字符
9. 字符串 str1 ='会计大数据基础 V1.0'，下列说法正确的有（　　）。
   A. 执行语句 str1[2:9]，输出的结果是'大数据基础 V1'
   B. 执行语句'10' in str1，输出的结果是 False
   C. 执行语句 a.lower，输出的结果是'会计大数据基础 V1.0'
   D. 执行语句 str1.find('V1.0')，输出的结果是 8
10. 下列表达式返回布尔值的有（　　）。
    A. "a" not in "abc"   B. a=2
    C. 10>5 and "1" in "123"   D. not 0

11. 下列关于 Python 数值运算的描述正确的有（　　）。
    A. 在 Python 中，= 和 == 的功能一样
    B. Python 支持 +=、%= 这样的赋值操作符
    C. 默认情况下，10%3==3 的判别结果是 True
    D. 在逻辑运算中：数字 0 代表假，即 Fasle；其他数字代表真，即 True
12. 要输出"银行存款科目余额是 10000 元"，下列语法正确的有（　　）。
    A. print('{}科目余额是{}元'.format('银行存款',10000))
    B. print('%s科目余额是%d元'%('银行存款',10000))
    C. km='银行存款'
       ye=10000
       print(f'{km}科目余额是{ye}元')
    D. print('{1}科目余额是{0}元'.format(10000,'银行存款'))
13. 下列对 count()、index()、find() 方法的描述错误的有（　　）。
    A. count() 方法用于统计字符串里某个字符出现的次数
    B. find() 方法用于检测字符串中是否包含子字符串 str，若包含子 str，则返回开始的索引值，否则会报一个异常
    C. index() 方法用于检测字符串中是否包含子字符串 str，若不包含 str，则返回 −1
    D. 所有答案均错误
14. 下列字符串正确的有（　　）。
    A. 'abc"ab"   B. 'abc"ab'
    C. "abc"ab"   D. "abc \ "ab"

三、判断题

1. int() 函数可将字符串转为整数。　　　　　　　　　　　　　　　　　　（　　）
2. 使用 int() 函数对浮点数取整时，用的是四舍五入的方式。　　　　　　　（　　）
3. 字符串正索引是从左到右，默认从 0 开始，最大范围是字符串长度。　　（　　）
4. 字符串负索引是从右到左，默认从 −1 开始。　　　　　　　　　　　　　（　　）
5. a='1'，b='2'，执行语句 a+b，输出的结果是 3。　　　　　　　　　　　（　　）
6. a='123456'，执行语句 a.find('7')，返回的结果是 False。　　　　　　 （　　）
7. 在 Python 中，数字是数据，文字不是数据。　　　　　　　　　　　　　（　　）
8. 在 Python 中，运算顺序为先乘除后加减，再比较，再逻辑，则表达式 (6 and 3)+6/3 的运算顺序应为先计算 6/3，再计算 6 and 3。　　　　　　　　　　　　（　　）
9. 执行语句 print(f'a+b={1+2}')，输出的结果是 a+b=3。　　　　　　　　（　　）

专业应用能力训练

四、案例题

1. 请写出清除"#"及"\"的语句。

```
str1="银行存款为 \\10000#元#"
_____           #替换"\\"与"#"
print(str1)                 #输出清除"#"及"\"后的str1
```

2. 已知 a 的值为"hello"，b 的值为"world"，如何交换 a 和 b 的值，得到 a 的值为"world"，b 的值为"hello"？

```
a="hello"
b="world"
_____
_____
_____
print(a,b)                  #输出结果：world hello
```

3. 让用户输入一个数值，输出它乘2后的值。

```
value1=_____    #提示语：请输入一个整数
print('乘2后的值为：',_____)
```

4. 反转字符串"abcdef"。

```
str1="abcdef"
print(_____)        #输出结果：fedcba
```

任务四 财税数据的存储

知识认知能力训练

一、单项选择题

1. 在 Python 中，有列表 L=[1,2,3,5]，先后执行语句 L.append(4)和.sort( )，打印输出列表 L 的结果是（   ）。
    A. [1,2,3,5,4]   B. [1,2,3,4,5]
    C. [5,4,3,2,1]   D. [4,5,3,2,1]

2. 在 Python 中，有列表 x=[0,1,2],y=x,执行语句 y.append(4)，输出 x 值为(   )。
    A. [0,1,2]   B. [0,1,2,4]
    C. [0,1,2,3]   D. [4,2,1,0]

3. 在 Python 中，有列表 list1=['主营业务收入','其他业务收入','投资收益','营业外收入']，执行语句 list1[-1]，输出的结果为（   ）。
    A. '主营业务收入'   B. '其他业务收入'
    C. '投资收益'   D. '营业外收入'

4. 在 Python 中，有列表 list1=['主营业务收入','其他业务收入','投资收益','营业外收入']，执行语句 list1[1::2]，输出的结果为（   ）。
    A. '主营业务收入','其他业务收入'
    B. '其他业务收入','营业外收入'
    C. '主营业务收入','投资收益'
    D. '其他业务收入','投资收益','营业外收入'

5. 字典 dict1={'2':2,'5':5},dict2=dict1,dict1['2']=10，执行语句 dict1['2']+dict2['2']，输出的结果为（   ）。
    A. 13   B. 6   C. 20   D. 15

6. 下列选项不可以进行切片操作的是（   ）。
    A. list   B. tuple   C. dict   D. str

7. 现有列表 L=[1,2,3,4,5,6]，那么执行语句 L[1:3]='abc'后执行语句 L[2]的结果是（   ）。
    A. 4   B. b   C. abc   D. c

8. {1, 2, 'a'}.union({2, 3, 4})的结果为（   ）。
    A. {2,3,4}   B. {1,2,3,4,'a'}
    C. {1,2,3,4}   D. {2,3,4,'a'}

9. 字典 D1={'水电费':10000,'文印费':500}，D2={'管理部门':0.2,'销售部门':

0.3,'生产部门':0.4},创建空列表 list1=[],执行语句 list1.append(D1['文印费']*D2['生产部门']),打印输出 list1 的结果为(   )。

  A. [4000.0]　　　　　　　　　　B. ['文印费',4000.0]
  C. [200.0]　　　　　　　　　　　D. ['管理费用',4000.0]

10. 字典 D1={'管理部门':0.2,'销售部门':0.3,'生产部门':0.5},执行语句 len(D1) 的结果是(   )。

  A. 6　　　　B. 3　　　　C. 0.5　　　　D. 1

11. 表达式 set([1,2,2,3,4,5,5]) 的值为(   )。

  A. {1,2,2,3,4,5,5}　　　　　　　B. [1,2,3,4,5]
  C. [2,2,5,5]　　　　　　　　　　D. {1,2,3,4,5}

12. 列表 list1=['应收账款','其他应收款',[20000,10000]],执行语句 list1[2][1] 的结果为(   )。

  A. '其他货币资金'　　　　　　　　B. [10000,20000]
  C. '货币资金'　　　　　　　　　　D. 10000

13. dict1={'银行存款':10000,'现金':20000,'银行存款':30000},print(dict1) 的结果为(   )。

  A. {'银行存款':10000,'现金':20000,'银行存款':30000}
  B. ('银行存款':10000,'现金':20000,'银行存款':30000)
  C. {'银行存款':30000,'现金':20000}
  D. {'现金':20000,'银行存款':30000}

14. 表达式 ('固定资产',)+('无形资产',) 的值为(   )。

  A. ('固定资产','无形资产')　　　　B. ('固定资产,无形资产')
  C. ('固定资产,无形资产,')　　　　D. ('固定资产','无形资产',)

15. 下列程序是把列表中的大写字母转换为小写字母,则横线处应填的代码是(   )。

```
li=['frdgrfgdsHHJJ','GApPENdRpJiF']
new_li=[]
for i in li:
    _____(i.lower())
print(new_li)
```

  A. li.append　　　　　　　　　　B. new_li.append
  C. new_li.insert　　　　　　　　　D. li.insert

16. 下列程序是输出字典的 KEY 和 VALUE,则横线处应填的代码是(   )。

```
dic={'营业收入': 797011148.35,'营业成本': 539383231.97,'营业利润':
    94261165.82}
for i in dic:
    print(_____)
```

  A. key,value　　　　　　　　　　B. dic[0],dic[1]

　　　　C. i, dic[i]　　　　　　　　　　D. keys, values

17. 下列程序是输出100以内既不是3的倍数也不是5的倍数的数字,则横线处应填代码是(　　)。

```
for i in range(1,101):
    if i% 3! =0 _____:
        print(i)
```

　　　　A. && i%5==0　　　　　　　B. and i%5!=0
　　　　C. && i%5!=0　　　　　　　 D. or i%5!=0

18. 下列程序是将列表中的'男'改为'女',横线处应填代码是(　　)。

```
a=['张星星','男',165,52,'班长']
_____
print(a)
```

　　　　A. a[1]='女'　　　　　　　　B. a[0]='女'
　　　　C. a='女'　　　　　　　　　 D. a['男']='女'

19. 下列程序是删除列表中重复的值,则横线处应填代码是(　　)。

```
li=[1,1,1,23,3,4,4]
new_li=_____
print(new_li)
```

　　　　A. list(set(li))　　B. set(li)　　C. li.pop(1)　　D. li.del(1)

20. 转义字符"\n"的含义是_____。
　　　　A. 换行　　　　B. 缩进　　　　C. 回车　　　　D. 退格

21. Python 内置函数(　　)用来返回序列中的最大元素。
　　　　A. min( )　　　B. len( )　　　C. count( )　　D. max( )

22. Python 内置函数(　　)用来返回数值型序列中所有元素之和。
　　　　A. min( )　　　B. count( )　　C. max( )　　 D. sum( )

23. Python 内置函数(　　)用来返回序列中的最小元素。
　　　　A. max( )　　　B. min( )　　　C. len( )　　　D. sorted( )

24. 表达式 min([1,2,3])的值为(　　)。
　　　　A. 0　　　　　B. 1　　　　　C. 2　　　　　D. 3

25. 已知列表对象 x=['aaaa','bb','cc'],则表达式 max(x, key=len)的值为(　　)。
　　　　A. 4　　　　　B. aaaa　　　　C. 7　　　　　D. 3

26. 执行语句 x=(3)后,x 的值为(　　)。
　　　　A. (3)　　　　B. 3　　　　　C. (3,)　　　　D. 0

27. Python 内置函数(　　)用来查看变量类型。
　　　　A. intro( )　　B. describe( )　　C. info( )　　D. type( )

28. Python 内置函数（　　）可以返回列表、元组、字典、集合、字符串及 range 对象中元素个数。
　　　A. len()　　　　　B. count()　　　　　C. sum()　　　　　D. type()
29. 假设列表对象 aList 的值为［3,4,5,6,7,9,11,13,15,17］，那么切片 alist［3:7］得到的值是（　　）。
　　　A. ［6,7,9,11］　　　　　　　　　　B. ［3,4,5,6,7］
　　　C. ［5,6,7］　　　　　　　　　　　D. ［5,6,7,9］
30. 字典中多个元素之间使用＿＿＿＿分隔开，每个元素的"键"与"值"之间使用＿＿＿＿分隔开。
　　　A. 逗号　冒号　　　　　　　　　　B. 冒号　逗号
　　　C. 冒号　冒号　　　　　　　　　　D. 逗号　逗号
31. 字典对象的（　　）方法返回字典的"键"列表。
　　　A. keys()　　　　B. dict()　　　　C. values()　　　　D. key()

二、多项选择题

1. 在列表中添加元素的方法有（　　）。
　　　A. append()　　　B. insert()　　　C. tuple()　　　D. add()
2. 在列表中删除元素的方法有（　　）。
　　　A. delete()　　　B. del　　　C. pop()　　　D. remove()
3. 下列关于字典的描述正确的有（　　）。
　　　A. 字典是一系列的键值对
　　　B. 与键相关联的值可以是任何 Python 对象，比如数字、字符串、列表甚至是字典
　　　C. 可以先使用一对空的花括号定义一个空字典，然后再分行添加键值对
　　　D. 可以使用指定字典名、用方括号括起的键以及与该键相关联的新值来修改字典值
4. 下列关于字典操作的描述正确的有（　　）。
　　　A. del 方法用于删除字典或者元素
　　　B. clear() 方法用于清空字典中的数据
　　　C. len() 方法可以计算字典中键值对的个数
　　　D. keys() 方法可以获取字典的值
5. mlist=［'Adam','Lisa','Bart'］为班里的 3 个分数从高到低的同学，则下列语句可以正确执行的有（　　）。
　　　A. 要打印第一名同学的名字，用 print(mlist[0])
　　　B. 要打印第二名同学的名字，用 print(mlist[1])
　　　C. 要打印最后一名同学的名字，用 print(mlist[-1])
　　　D. 要打印第三名同学的名字，用 print(list[3])
6. 在 Python 中，用于列表（list）操作的函数有（　　）。
　　　A. len() 求 list 长度　　　　　　　B. index() 求下标（所在的位置）

C. pop( )删除元素　　　　　　　　D. insert( )插入元素
7. 下列表达式不能正确定义一个集合数据对象的有（　　）。
　　A. x={200,'flg',20.3}　　　　　　B. x=(200,'flg',20.3)
　　C. x=[200,'flg',20.3]　　　　　　D. x={'flg':20.3}
8. 下列选项不可以进行切片操作的有（　　）。
　　A. list　　　　B. set　　　　C. dict　　　　D. str
9. 下列语句能创建一个字典的有（　　）。
　　A. dict1={'银行存款':10000,'现金':20000,'银行存款':30000}
　　B. dict2={}
　　C. dict3={['银行存款','现金','银行存款']:[10000,20000,30000]}
　　D. dict1={('银行存款','现金'):[10000,20000]}
10. 列表 L=['123',4,5,6,'789'],下列说法错误的有（　　）。
　　A. len(L)输出结果是 9
　　B. ['123] in L 返回结果是 True
　　C. L.append(7),输出 L 为['123',4,5,6,'789',7]
　　D. L.remove('123'),输出 L 为[4,5,6,'789']
11. 表达式 1<2<3 的结果可以为（　　）。
　　A. True　　　　B. 1　　　　C. False　　　　D. 0
12. Python 中用于表示逻辑与、逻辑或、逻辑非运算的关键字分别是（　　）、（　　）、（　　）。
　　A. and　　　　B. or　　　　C. not　　　　D. in
13. 可以删除列表中元素的函数和方法有（　　）。
　　A. remove( )　　B. pop( )　　C. clear( )　　D. del

三、判断题

1. 列表对象的 append( )方法属于原地操作,用于在列表尾部追加一个元素。（　　）
2. Python 列表中所有元素必须为相同类型的数据。（　　）
3. 列表、元组、字符串支持双向索引。（　　）
4. Python 中的元组与列表类似,元素同样可以修改。（　　）
5. 列表对象的 pop( )方法默认移除列表中的最后一个元素,并且返回该元素的值,若列表已空则抛出异常。（　　）
6. Python 中的字典和集合属于无序序列。（　　）
7. Python 中的集合和字典支持双向索引。（　　）
8. Python 字典中的"值"不允许重复。（　　）
9. 假设 x 是含有 5 个元素的列表,那么切片操作 x[10:]是无法执行的,会抛出异常。（　　）
10. Python 中的关键字不可以作为变量名。（　　）
11. 放在一对三引号之间的任何内容将被认为是注释。（　　）

专业应用能力训练

四、案例题

1. 公司甲产品本月结存数量为 12000 件，采购单位为 65 元。本月存货结存成本＝结存数量＊采购单价。

要求：编写本月存货结存成本计算的代码。

```
count='12000'
price='65'
_____          #使用 cost 变量存储本月存货结存成本
print(cost)
```

2. 有一科目列表 account=['库存现金','银行存款','应收账款','其他应收款']。

要求：遍历列表，依次输出其中的科目名称。

```
account=['库存现金','银行存款','应收账款','其他应收款']
_____
_____
```

任务五 财税核算中的判断

知识认知能力训练

一、单项选择题

1. 初级会计考试分数 60 分及以上为合格，否则为不合格。小赵考试分数为 70 分，若要判断小赵的分数是否合格，则下列语句正确的是（　　）。

　　A. score=70 if score>=60:print('成绩合格') elif:print('成绩不合格')
　　B. score=70 if score >=60:print('成绩合格') else score <60:print('成绩不合格')
　　C. score=70 if score >=60:print('成绩合格') else:print('成绩不合格')
　　D. score=70 if score >60:print('成绩合格') elif score <=60:print('成绩不合格')

2. 有时候某个判断是在另外一个判断成立的基础上进行的，这样的情况下应该选择的语句是（　　）。

A. if-else　　　　　　　　　　　B. if-elif
C. if-elif-else　　　　　　　　　D. if 嵌套

3. 有判断语句如下：
```
if a<15 and a>0:
    if a>=10:
        b=1
    elif a>=5:
        b=2
    else:
        b=3
else:
    b=0
```
若要使 b=2，则 a 的取值可以是（　　）。
A. 16　　　　B. 8　　　　C. 2　　　　D. 10

4. 执行以下语句，输出的结果是（　　）。
```
a=True
b=False
if a or b and a:
    print('yes')
else:
    print('no')
```
A. yes　　　　B. True　　　　C. no　　　　D. False

5. 下述 while 循环执行的次数为（　　）。
```
a=50
while a>1:
    print(a)
    a=a/2
```
A. 7　　　　B. 6　　　　C. 5　　　　D. 4

6. 下列表达式不符合 for i in 语句语法要求的是（　　）。
A. 'hi'　　　　　　　　　　　B. 123
C. range(10)　　　　　　　　D. [1,2,3]

7. 执行下列语句，输出结果为 10、11、12 三个数字的是（　　）。
A. for i in range(3):
　　print(i+10)
B. for i in range(2):
　　print(i+10)
C. for i in range(1,3):
　　print(i+10)
D. for i in range(1,4):
　　print(i+10)

8. 运行以下代码，输出的结果是（　　）。
```
i=0
while i<5:
```

```
        i+=1
        if i==4:
            continue
        else:
            print(i)
```
   A. 0,1,2,3,4
   B. 1,2,3,4,5
   C. 0,1,2,3
   D. 1,2,3,5

9. 下列关于流程控制语句的描述错误的是（   ）。
   A. Python 中的 for 语句可以在任意序列上进行迭代访问，例如列表、字符串和元组
   B. 在 Python 中，if... elif... 结构语句中必须包含 else 子句
   C. 循环可以嵌套使用，例如一个 for 语句中可以有另一个 for 语句，一个 while 语句中可以有一个 for 语句，等等
   D. while 循环是通过判断条件是否满足来确定循环是否继续

10. 执行以下语句，用户输入整数5，输出的结果是（   ）。
```
    n=int(input())
    dict1={}
    for i in range(1,n+1):
        dict1[i]=i*i
    print(dict1)
```
   A. [1,4,9,16,25,36]
   B. [1,4,9,16,25]
   C. {1:1,2:4,3:9,4:16,5:25,6:36}
   D. {1:1,2:4,3:9,4:16,5:25}

11. 执行以下语句，输出的结果是（   ）。
```
    for i in range(1,4):
        for j in range(1,3):
            for k in range(1,2):
                if(i!=j) and (i!=k) and (j!=k):
                    print(i,j,k)
```
   A. 3,2,1   B. 1,2,3   C. 4,3,2   D. 2,3,4

12. 下列关于 Python 循环结构的描述错误的是（   ）。
   A. 遍历循环中的遍历结构可以是字符串、文件、组合数据类型和 range() 函数等
   B. break 用来结束当前当次语句，但不跳出当前的循环体
   C. continue 只结束本次循环
   D. Python 通过 for、while 等保留字构建循环结构

13. for 或 while 与 else 搭配使用时，下列关于执行 else 语句块的描述正确的是（   ）。
   A. 仅循环非正常结束后执行（以 break 结束）

B. 仅循环正常结束后执行

C. 总会执行

D. 永不执行

14. 分支语句的基本形式是（　　）。

　　A. if 判断条件 else：

　　　　条件成立时执行的语句块　　条件不成立时执行的语句块

　　B. if 判断条件

　　　　条件成立时执行的语句块

　　　　else

　　　　条件不成立时执行的语句块

　　C. if 判断条件：

　　　　　条件成立时执行的语句块

　　　　else：

　　　　　条件不成立时执行的语句块

　　D. if 判断条件：

　　　　条件成立时执行的语句块

　　　　else：

　　　　条件不成立时执行的语句块

15. 已知 a、b、c 的值分别为 20、30、5，在执行语句 a,b,c=20,30,5　a//=c　b%=a 后，b 的值为（　　）。

　　A. 30　　　　　　　　B. 10　　　　　　　　C. 2　　　　　　　　D. 0

16. 下列关于死循环的描述错误的是（　　）。

　　A. 当循环条件永远成立时，没有终点的循环被称为死循环

　　B. 死循环会使程序一直处于运行的状态

　　C. 缺少修改执行条件的代码会造成死循环

　　D. 死循环不会对程序造成任何影响

二、多项选择题

1. Python 循环语句的关键字有（　　）。

　　A. for　　　　　　B. while　　　　　　C. each　　　　　　D. case

2. Python 中的 for 语句涉及的序列可以是（　　）。

　　A. 列表　　　　　　　　　　　　　　B. 字符串

　　C. range 函数产生的序列　　　　　　D. 关系表达式

3. 下列关于 if...else...语句的说法正确的有（　　）。

　　A. 如果条件为真，则执行这段代码，否则执行下一段代码

　　B. Python 通过缩进的方式来控制代码的层次结构

　　C. else 语句后包含条件

　　D. 在写 if 语句时，必须对齐缩进，一般缩进一个【Tab】键

4. 下列关于 if 嵌套语句的说法错误的有（　　）。
   A. 某个判断是在另一个判断成立的基础上进行的，这样的情况使用 if 嵌套语句
   B. 只有 if 条件语句下可以嵌套 if 条件语句，elif 条件语句下不可以嵌套 if 条件语句
   C. if 嵌套语句内层不可使用 elif、else
   D. 内层写 if 语句时，也必须对齐缩进，一般缩进 4 个空格或者一个【Tab】键
5. 关于 if...elif...else 语句的语法格式，下列说法正确的有（　　）。

      if 条件 1：
       满足条件 1 时要做的事情
      elif 条件 2：
       满足条件 2 时要做的事情
      elif 条件 3：
       满足条件 3 时要做的事情
      else：
       不满足以上所有条件时要做的事情

   A. 以上语法，只有在不满足前面 3 个条件时，才会执行 else 语句
   B. 若不满足条件 1，则进入 elif 条件语句开始判断是否满足条件 2
   C. 若不满足条件 1 和条件 2，满足条件 3，则执行满足条件 3 时要做的事情
   D. elif 语句只能使用两次

三、判断题

1. if 语句只能和 else 一起使用。（　　）
2. if 语句中的判断条件可以是判断表达式。（　　）
3. elif 语句提供了另一个条件，仅在前面的条件为 False 时才检查该条件。（　　）
4. 在写 if 语句时，必须对齐缩进，一般缩进 4 个空格或者 1 个【Tab】键。（　　）
5. if 语句不可以嵌套使用。（　　）
6. 条件表达式永远满足（比如：while 1 = 1）会引起死循环。（　　）
7. break 语句是在满足条件时跳过当前的这次循环，直接开始下一次循环。（　　）
8. 在条件表达式永远满足（比如：while 1 = 1）时，仍可以使用 break 语句终止循环。（　　）
9. 函数 range(0,10,2) 表示起始值为 0，终止值为 10，计数包括 10，步长值为 2。（　　）
10. 语句 for i in range(20) 中 range( ) 函数的起始值是 0，终止值是 20，步长值是 1。（　　）

专业应用能力训练

四、案例题

1. 小李一次性存入银行 10000 元，年利率 4%，银行利息以复利计息方式计算利息，存款期限 3 年。

   要求：写出计算存款每年年末终值的代码，保留两位小数。（复利计算公式：F = P(1+i)^n，P 指的是初期的金额，i 指的是年利率，n 指的是计息期数）

```
list1=[]              #空列表存放每年终值计算结果
P=10000               #本金
i=0.04                #年利率
n=3                   #存款期限
for x in _____(n,n+1):
    F=_____ ** x
    list1._____(round(F,_____))
print(list1)
```

2. 某公司 8—10 月水电费费用分别为 9000.68 元、7000.72 元、8500.25 元，管理部门、销售部门、生产部门按比例分摊水电费，分摊系数为 0.2、0.3、0.5。

   要求：写出计算各部门分摊的水电总费用的代码。计算结果放在字典 D3。比如 D3={'管理部门':'2750.00','销售部门':'8250.00','生产部门':'16500.00'}。

   注：代码使用双层 for 循环。

```
# 创建字典
D1={'管理部门':0.2,'销售部门':0.3,'生产部门':0.5}   #D1 保存部门分摊系数
D2={'8月水电费':9000.68,'9月水电费':7000.72,'10月水电费':8500.25}
                                                  #D2 保存水电费
D3={}                 #用于接收各部门应分摊的水电费
for key1 in _____:  #循环部门
    _____           #创建变量cost,初始值为0。用于保存8—10月费用合计
    for key2 in _____:  #循环每月水电费
        cost1=D1[key1]* _____   #根据当月费用和分摊系数计算当月部门费用
        _____               #将部门当月分摊的费用与已经分摊的费用
                                累加,放入cost变量
    D3[_____]=_____(cost,2)   #创建或更新当前部门的费用,保留
                                      两位小数
print(D3)
```

3. 南京百德胜百货为小规模纳税人,主要销售货物,适用增值税税率为3%,2023年2月,销售货物不含税销售额20万元。[税收政策：一、自2023年1月1日至2023年12月31日,对月销售额10万元以下（含本数）的增值税小规模纳税人,免征增值税。二、自2023年1月1日至2023年12月31日,增值税小规模纳税人适用3%征收率的应税销售收入,减按1%征收率征收增值税。]

要求：计算南京百德胜百货2023年2月应缴增值税金额。

```
sales=200000              #变量sales存储销售额
if _____
    VAT=sales*(0.03-0.01)
_____
    VAT=0
print('该小规模纳税人第二季度应纳增值税为',VAT)
```

4. 某企业招聘会计,岗位要求如下,满足任意两点即可获得面试机会：
(1) 年龄大于25岁；
(2) 专业为"大数据与会计专业"；
(3) 学院为"重点院校"。

要求：编写判断是否获得面试机会的代码,输出结果分为以下两种情况：满足任意两点,输出"您已获得我公司的面试机会"；否则输出"抱歉,您未获得面试机会"。

```
age=30
subject='大数据与会计专业'
college='重点院校'

# if条件语句判断,通过逻辑运算符筛选条件是否符合,变量result接收结果
if (age>25 and subject=='大数据与会计专业') or (_____
    _____) ____ (age>25 and college=='重点院校'):
    result=_____
_____
    _____
print(result)
```

5. 居民个人工资薪金所得个税计算方法如下：

全年应纳税所得额	税率/%	速算扣除数/元
不超过36000元的部分	3	0
超过36000元至144000元的部分	10	2520
超过144000元至300000元的部分	20	16920

续表

全年应纳税所得额	税率/%	速算扣除数/元
超过 300000 元至 420000 元的部分	25	31920
超过 420000 元至 660000 元的部分	30	52920
超过 660000 元至 960000 元的部分	35	85920
超过 960000 元的部分	45	181920

要求：编写工资薪金个税计算的代码。

```
income=20000

# 创建变量 tax 接收应纳个税金额
if income<=0:
    tax=0
elif _____:
    tax=income* 0.03
elif _____:
    tax=income* 0.1-2520
elif income<=300000:
    tax=income* 0.2-16920
elif income<=420000:
    _____
    _____
    tax=income* 0.3-52920
elif income<960000:
    tax=income* 0.35-85920
_____
    tax=income* 0.45-181920

print(tax)
```

项目七

数据分析与可视化

任务一 使用 NumPy 操作数组

知识认知能力训练

一、单项选择题

1. 创建一个数组 a：
   import numpy as np
   a=np.array([[10,20,30,60],[11,12,14,14]])
   执行下列语句，输出的值为 60 的是（　　）。
   A. np.sum(a)　　　　　　　　　　B. np.min(a)
   C. np.max(a)　　　　　　　　　　D. a.size

2. 创建一个数组 array1：
   import numpy as np
   array1=np.array([1,2,3],[4,5,6])
   执行语句 a.shape，输出的结果是（　　）。
   A. 2　　　　　　　　　　　　　　B. (2, 3)
   C. 6　　　　　　　　　　　　　　D. dtype ('int64')

3. 要生成如下所示的二维数组，使用的语句为（　　）。
   1,2,3
   4,5,6
   A. np.array([1,2,3,4,5,6])
   B. np.array([[1,4],[2,5],[3,6]])
   C. np.array([1,4],[2,5],[3,6])
   D. np.array([[1,2,3],[4,5,6]])

4. 创建一个 0 到 9 的一维数组，使用的语句为（　　）。
   A. np.range(10)　　　　　　　　　B. np.arange(10)
   C. np.arange[10]　　　　　　　　 D. np.arange(0,9)

5. 执行下列语句后,输出的结果是( )。
   import numpy as np
   data=np.array([[1,2,3],[4,5,6]])
   data.sum()
   A. [6,15]　　　　B. [21]　　　　C. 6,15　　　　D. 21
6. NumPy 中追加元素到现有数组末尾,使用的函数是( )。
   A. append( )　　B. insert( )　　C. extend( )　　D. add( )
7. 创建一个 10 到 30、每个元素递增 5 的数组,使用的语句是( )。
   A. arange(10,30,5)　　　　B. range(10,30,5)
   C. arange(10,35,5)　　　　D. arange(10,35)
8. 有一个数组 a 如下:
   array([1,2,3,4,5,6,7,8,9,10])
   要筛选出 6、7、8 这 3 个元素,使用的语句是( )。
   A. a[6,7,8]　　　　B. a[5:9]
   C. a[5:8]　　　　　D. a[6:8]
9. 有一个二维数组 data 如下:
   array([[1,2],
   　　　 [3,4],
   　　　 [5,6]])
   data.max( )的结果是( )。
   A. 6　　　　B. [5,6]　　　　C. [1,2]　　　　D. 1
10. 有一个二维数组 data 如下:
    array([[1,2],
    　　　 [3,4],
    　　　 [5,6]])
    data.sum( )的结果是( )。
    A. 21　　　　　　　　　　B. array([3,7,11])
    C. array([9,12])　　　　D. 11
11. 有一个二维数组 data 如下:
    array([[1,2],
    　　　 [3,4],
    　　　 [5,6]])
    data.sum(axis=1)的结果是( )。
    A. 21　　　　　　　　　　B. array([3,7,11])
    C. array([9,12])　　　　D. 11
12. 有一个二维数组 data 如下:
    array([[1,2],
    　　　 [3,4],
    　　　 [5,6]])

data.sum(axis=0)的结果是（　　）。
  A. 21   B. array([3,7,11])
  C. array([9,12])   D. 11

13. NumPy 中在指定位置新增数组元素的函数为（　　）。
  A. append( )   B. sort( )   C. insert( )   D. array( )

14. 有一个二维数组 a，下列选项可以求出该数组元素个数的是（　　）。
  A. len(a)   B. a.size   C. a.size( )   D. a.shape

二、多项选择题

1. 有一个数组 a 如下：
array([1,2,3,4,5,6,7,8,9])
要把元素 5、6、7 修改为元素 20，可以使用的语句有（　　）。
  A. a[5,6,7]=20   B. a[5:7]=20
  C. a[4:7]=a[4:7]+[15,14,13]   D. a[4:7]=20

2. 有一个二维数组 a 如下：
array([[1, 6, 2],
   [5, 1, 1],
   [8, 0, 1]])
下列语句能对数组 a 正确排序且保持 a 为二维数组的有（　　）。
  A. a.sort( )   B. a.sort(axis=0)
  C. a.sort(axis=1)   D. np.sort(a)

3. 有一个二维数组 a，下列语句可以对 a 按轴统计求和的有（　　）。
  A. np.sum(a,axis=0)   B. a.sum(axis=1)
  C. a.sum(axis=0)   D. np.sum(a,axis=1)

三、判断题

1. 可以使用 sort( ) 函数对数组进行排序。　　　　　　　　　　　　　　（　　）
2. NumPy 中的 arange( ) 函数与 Python 中的 range( ) 函数一样，都能以列表形式返回一系列连续的整数。　　　　　　　　　　　　　　　　　　　　　　　　（　　）
3. 在二维数组里，单一的索引指代的是一维的数组。　　　　　　　　　（　　）
4. sum( )、min( )、max( )、len( ) 函数都可用在数组中。　　　　　　　（　　）
5. NumPy 中的 arange( ) 函数具有四个参数，分别是起始值、终止值、步长、返回的数据类型。　　　　　　　　　　　　　　　　　　　　　　　　　　　　　（　　）
6. arange( ) 函数中的起始值默认为 0，包含终止值，默认步长为 1。　　（　　）

任务二 理解 Pandas 数据结构

知识认知能力训练

一、单项选择题

1. 执行以下语句：
   import pandas as pd
   a=pd.Series([5,6,7,8])
   print(a)
   元素值8对应的索引值是（　　）。
   A. 1　　　　　　B. 2　　　　　　C. 0　　　　　　D. 3

2. 下列关于 DataFrame 的描述错误的是（　　）。
   A. DataFrame 是一个表格型的数据类型，每列值数据类型可以不同
   B. DataFrame 可由一维 ndarray、列表、字典、元组或 Series 构成的字典数据类型创建
   C. Series 不能转化为 DataFrame
   D. DataFrame 单独取一列或一行就是一个 Series

3. 执行以下语句，输出的数据类型是（　　）。
   import pandas as pd
   data={'项目':['库存现金','银行存款','其他货币资金'],'期初借方余额':[5000,2000,8600],'本期借方发生额':[4200,12000,25000],'本期贷方发生额':[2000,6000,10000]}
   df=pd.DataFrame(data,index=range(1,4))
   df.values
   A. 列表　　　　　B. 字典　　　　　C. 数组　　　　　D. 元组

4. data={'项目':['库存现金','银行存款','其他货币资金'],'期初借方余额':[5000,2000,8600],'本期借方发生额':[4200,12000,25000],'本期贷方发生额':[2000,6000,10000]}，根据字典data计算各科目期末借方余额，应输入的语句是（　　）。
   A. '期末借方余额'='期初借方余额'+'本期借方发生额'-'本期贷方发生额'
   B. df['期末借方余额']=df('期初借方余额')+df('本期借方发生额')-df('本期贷方发生额')
   C. df[5]=df[2]+df[3]+df[4]
   D. df['期末借方余额']=df['期初借方余额']+df['本期借方发生额']-df['本期贷方发生额']

5. Pandas 读取 Excel 文件运用的函数是（　　）。
   A. ExcelWriter( )　　　　　　　　　B. read_csv( )
   C. to_excel( )　　　　　　　　　　D. read_excel( )
6. Pandas 读取 CSV 文件运用的函数是（　　）。
   A. ExcelWriter( )　　　　　　　　　B. read_csv( )
   C. to_excel( )　　　　　　　　　　D. read_excel( )
7. 下列关于 Pandas 读取 Excel 文件相关参数的描述正确的是（　　）。
   A. sheet_name=0 表示导入第 0 页
   B. header=0 表示表格的第一列作为行名
   C. index_col=0 表示表格的第一行作为列索引
   D. converters 表示强制规定数据类型
8. df 为 DataFrame 数据类型，共 100 行，现在要查看最后 10 行，可以选择的语法是（　　）。
   A. df.head( )　　　　　　　　　　　B. df.head(10)
   C. df.tail( )　　　　　　　　　　　D. df.tail(10)
9. df 为 DataFrame，共 100 行，现在要查看前 5 行，可以选择的语法是（　　）。
   A. df.head( )　　　　　　　　　　　B. df.head(10)
   C. df.tail( )　　　　　　　　　　　D. df.tail(10)
10. 执行以下语句，下列说法正确的是（　　）。
    with pd.ExcelWriter('data2.xlsx',mode='a') as writer：
    　　df.to_excel(writer,sheet_name='利润表')
    A. 在 data2.xlsx 表格中重写新表　　B. 在 data2.xlsx 表格中追加新表
    C. 读取"利润表"表格　　　　　　　D. 创建"利润表"表格
11. 如图，如果要选择"时间"和"A 产品"列，下列语法正确的是（　　）。

	时间	A产品	B产品	C产品
0	2022年1月	5200	4035	6010
1	2022年2月	4050	3118	5600
2	2022年3月	5800	4113	6900

   A. df[0:1]　　　　　　　　　　　　B. df['时间','A 产品']
   C. df[['时间','A 产品']]　　　　　　D. df.loc["时间":'A 产品']
12. 如图，如果要把"时间"列增设为索引，下列语法正确的是（　　）。

	时间	A产品	B产品	C产品
0	2022年1月	5200	4035	6010
1	2022年2月	4050	3118	5600
2	2022年3月	5800	4113	6900

   A. df.setindex('时间')
   B. df.set_index('时间',append=True)

C. df.set_index('时间')

D. df.appendIndex('时间')

13. 如图，如果要删除第一列原始索引，保留"时间"索引，下列语法正确的是( )。

	时间	A产品	B产品	C产品
0	2022年1月	5200	4035	6010
1	2022年2月	4050	3118	5600
2	2022年3月	5800	4113	6900

A. df.drop('')

B. df.reset_index('时间')

C. df.reset_index(level=0)

D. df.reset_index(level=0, drop=True)

14. 如图，如果要将 df 的列名"销量"改为"明年预计销量"，下列选项中可以实现这一操作的函数是（ ）。

	产品名称	月份	销量
0	A产品	1	3000
1	B产品	1	2800
2	C产品	1	3400
3	A产品	2	3500

A. df.head( )　　　　　　　　B. df.index( )

C. df.columns( )　　　　　　　D. df.rename( )

15. 按位置选取 DataFrame 数据中的索引值 2 到索引值 4 的所有行，下列语法正确的是（ ）。

A. df(2:5)　　B. df[2:5]　　C. df(2:4)　　D. df[2:4]

16. 下图是名为 df 的 DataFrame，如果要使用直接筛选，筛选出第一季度和第四季度采购预算情况，下列语法正确的是（ ）。

项目	第一季度	第二季度	第三季度	第四季度
甲产品生产量（件）	4000	4000	4500	5000
材料定额单耗（千克/件）	6	6	6	6
预计生产需要量（千克）	24000	24000	27000	30000
期末结存量（千克）	2400	2700	3000	2875
期初结存量（千克）	2500	2400	2700	3000
预计材料采购量（千克）	23900	24300	27300	29875
材料计划单价（元/千克）	12	12	12	12
预计采购金额	286800	291600	327600	358500

A. df['第一季度','第四季度']

B. df['第一季度'] and df['第四季度']

C. df[1,4]

D. df[['第一季度','第四季度']]

17. 下图是名为 df 的 DataFram，如果要用 loc 索引器筛选第一季度和第三季度"预计生产需要量"和"预计采购金额"，下列语法正确的是（　　）。

项目	第一季度	第二季度	第三季度	第四季度
甲产品生产量（件）	4000	4000	4500	5000
材料定额单耗（千克/件）	6	6	6	6
预计生产需要量（千克）	24000	24000	27000	30000
期末结存量（千克）	2400	2700	3000	2875
期初结存量（千克）	2500	2400	2700	3000
预计材料采购量（千克）	23900	24300	27300	29875
材料计划单价（元/千克）	12	12	12	12
预计采购金额	286800	291600	327600	358500

A. df.loc[[2:7],['第一季度':'第三季度']]

B. df.loc[[2:7],['第一季度','第三季度']]

C. df.loc[['第一季度','第三季度'],[2:7]]

D. df.loc[['第一季度','第三季度'],[2,7]]

18. 下列关于布尔索引筛选 DataFrame 中数据的说法错误的是（　　）。

A. df[(df['列']==条件)]为选取某列满足一定条件的行

B. df[(df['列']>条件)]为选取某列满足一定条件的行

C. df[(df['列1']==条件)&(df['列2']>条件)]为选取多列满足一定条件的行

D. df[(df['列1']==条件) and (df['列2']>条件)]为选取多列满足一定条件的行

19. 下列关于索引器的说法错误的是（　　）。

A. 索引器包括 loc 和 iloc 两种　　B. iloc 索引器可以直接选取列数据

C. loc 索引器不能直接选取列数据　　D. loc 索引器切片为闭区间

二、多项选择题

1. Pandas 中的 read_csv() 函数遇到使用 tab 分隔的数据，可使用（　　）表示。

A. seq='\t'　　　　　　　　　　B. delimiter='/t'

C. sep='\t'　　　　　　　　　　D. delimiter='\t'

2. Pandas 中 DataFrame 的三个主要组件是（　　）。

A. 数据　　　　B. 索引　　　　C. 列　　　　D. 标签

3. 下图是名为 df 的 DataFrame，若要筛选基本工资超过 4000 元的行，则下列语法正确的是（　　）。

	编号	姓名	部门	基本工资
0	KY001	方成建	市场部	4000
1	KY002	桑南	人力资源部	1800
2	KY003	何宇	市场部	4500
3	KY004	刘光利	行政部	1600
4	KY005	钱新	财务部	4200

A. df[df['基本工资']>4000]

B. df[df['基本工资']]>4000

C. df.loc[df['基本工资']>4000]

D. df.loc[(df['基本工资']>4000)]

4. 下图是名为 df 的 DataFrame，若要筛选"市场部"和"人力资源部"的行，则下列语法正确的是（　　）。

	编号	姓名	部门	基本工资
0	KY001	方成建	市场部	4000
1	KY002	桑南	人力资源部	1800
2	KY003	何宇	市场部	4500
3	KY004	刘光利	行政部	1600
4	KY005	钱新	财务部	4200

A. df[0:3]

B. df[(df['部门']=='市场部')&(df['部门']=='人力资源部')]

C. df.loc[0:2]

D. df.iloc[0:3]

5. 下图为某企业第一季度各商品收入情况表生成的 DataFrame，下列关于直接筛选的说法正确的是（　　）。

	0	1	2	3	4	5	6	7	8	9	10
0	序号	订单号	销售部门	销售员	销售地区	CPU	内存条	主板	硬盘	显示器	月份
1	1	2016040001	销售1部	张松	成都	8288	51425	66768	18710	26460	1
2	2	2016040002	销售1部	李新亿	上海	19517	16259	91087	62174	42220	1
3	3	2016040003	销售2部	王小伟	武汉	13566	96282	49822	80014	31638	1
4	4	2016040004	销售2部	赵强	广州	12474	8709	52583	18693	22202	1
5	5	2016040005	销售3部	孙超	合肥	68085	49889	59881	79999	41097	1
6	6	2016040006	销售3部	周成武	西安	77420	73538	34385	64609	99737	1
7	7	2016040007	销售4部	郑卫西	昆明	42071	19167	99404	99602	88099	1
8	8	2016040008	销售1部	张松	成都	53674	63075	33854	25711	92321	2
9	9	2016040009	销售1部	李新亿	上海	71698	77025	14144	97370	92991	2
10	10	2016040010	销售2部	王小伟	武汉	29359	53482	3907	99350	4495	2
11	11	2016040011	销售2部	赵强	广州	8410	29393	31751	14572	83571	2

A. 要筛选各业务员及所在地区的情况，可用直接筛选 df[['销售员','销售地区']]
B. 要筛选内存条的收入情况，可用直接筛选 df[6]
C. 要筛选各业务员1月份销售各商品的情况，可用直接筛选 df[0:8]
D. 要筛选各业务员在不同时间销售CPU、内存条的情况，可用直接索引对列数据进行切片

6. 下图为某企业第一季度各商品收入情况表生成的 DataFrame，下列关于条件筛选的说法正确的是（　　）。

	0	1	2	3	4	5	6	7	8	9	10
0	序号	订单号	销售部门	销售员	销售地区	CPU	内存条	主板	硬盘	显示器	月份
1	1	2016040001	销售1部	张松	成都	8288	51425	66768	18710	26460	1
2	2	2016040002	销售1部	李新亿	上海	19517	16259	91087	62174	42220	1
3	3	2016040003	销售2部	王小伟	武汉	13566	96282	49822	80014	31638	1
4	4	2016040004	销售2部	赵强	广州	12474	8709	52583	18693	22202	1
5	5	2016040005	销售3部	孙超	合肥	68085	49889	59881	79999	41097	1
6	6	2016040006	销售3部	周成武	西安	77420	73538	34385	64609	99737	1
7	7	2016040007	销售4部	郑卫西	昆明	42071	19167	99404	99602	88099	1
8	8	2016040008	销售1部	张松	成都	53674	63075	33854	25711	92321	2
9	9	2016040009	销售1部	李新亿	上海	71698	77025	14144	97370	92991	2
10	10	2016040010	销售2部	王小伟	武汉	29359	53482	3907	99350	4495	2
11	11	2016040011	销售2部	赵强	广州	8410	29393	31751	14572	83571	2

A. 筛选张松的销售情况，可用条件筛选 df[(df[3]=='张松')]
B. 筛选李新亿的销售情况，可用条件筛选 df[(df[3]=='李新亿')]
C. 筛选2月份主板收入大于50000元的行，可用条件筛选 df[(df[10]=='2') and (df[7]>50000)]
D. 筛选3月份销售情况的行，可用条件筛选 df[(df[1]=='3月')]

7. 下图为某企业第一季度各商品收入情况表生成的 DataFrame，下列关于索引器筛选的说法正确的是（　　）。

	0	1	2	3	4	5	6	7	8	9	10
0	序号	订单号	销售部门	销售员	销售地区	CPU	内存条	主板	硬盘	显示器	月份
1	1	2016040001	销售1部	张松	成都	8288	51425	66768	18710	26460	1
2	2	2016040002	销售1部	李新亿	上海	19517	16259	91087	62174	42220	1
3	3	2016040003	销售2部	王小伟	武汉	13566	96282	49822	80014	31638	1
4	4	2016040004	销售2部	赵强	广州	12474	8709	52583	18693	22202	1
5	5	2016040005	销售3部	孙超	合肥	68045	49889	59881	79999	41097	1
6	6	2016040006	销售3部	周成武	西安	77420	73538	34385	64609	99737	1
7	7	2016040007	销售4部	郑卫西	昆明	42071	19167	99404	99602	88099	1
8	8	2016040008	销售1部	张松	成都	53674	63075	33854	25711	92321	2
9	9	2016040009	销售1部	李新亿	上海	71698	77025	14144	97370	92991	2
10	10	2016040010	销售2部	王小伟	武汉	29359	53482	3907	99350	4495	2
11	11	2016040011	销售2部	赵强	广州	8410	29393	31751	14572	83571	2

A. 筛选行索引和列索引均为2的元素，可用 loc 索引器筛选，语法为 df.loc[2,2]

B. 筛选2月份销售情况的行，可用 loc 布尔选择，语法为 df.loc[(df[10]=='2')]

C. 筛选张松和王小伟销售1月主板和硬盘的情况，可用 loc 索引器筛选，语法为 df.loc[[0,1,3],[0,7,8]]

D. 可通过 loc 切片选取连续的行列组合，语法为 df.loc[0:4,0:3]

三、判断题

1. np.array()函数可以将列表数据类型（list）转化为 ndarray 数组。（　　）
2. NumPy 中的 mean()函数用于求平均数。（　　）
3. 使用 Pandas，需要先引入，引入语句为 import pandas as pd。（　　）
4. 创建 DataFrame 的语法：pd.DataFrame(data,columns=[序列],index=[序列])。若不写 columns 和 index，则表示无索引。（　　）
5. Pandas 支持从数据库读取数据到 DataFrame 中。（　　）
6. ExcelWriter()函数语法中参数 mode='a'表示重写。（　　）
7. read_csv() 默认分隔符为","。（　　）
8. DataFrame 相当于 Excel 表格，Series 相当于表格中的一行或一列。（　　）
9. 读取数据源为 TXT 的文档运用的函数是 read_TXT()。（　　）
10. 索引列表中可以使用关键词 and、or、not。（　　）
11. 直接筛选是使用［］选取一列或多列，但不能选取多行。（　　）
12. iloc 只能使用原始索引，原始索引初值从 0 开始，切片为前闭后开。（　　）
13. loc 索引器使用自定义索引，切片为前闭后开，没有自定义索引时可使用原始索引。（　　）
14. 在 Pandas 的两种数据结构中，原始索引（位置信息）和自定义索引（标签信息）并存。（　　）

专业应用能力训练

四、案例题

南京白云公司年终奖金发放明细表(年终奖金发放.xlsx)(局部)如下:

工号	一级部门	二级部门	岗位	姓名	性别	证照号码	年终奖金	个税	实发年终奖金
KY82001	战略规划部	总经办	总经理	许建辉	男	350925XXXXXXXX0148	28920.00	2787.00	26133.00
KY82002	战略规划部	总经办	副总经理	刘晓光	男	130728XXXXXXXX4398	30555.00	2950.50	27604.50
KY82003	战略规划部	总经办	总经理助理	林丽萍	女	340421XXXXXXXX0989	13975.00	419.25	13555.75
KY82004	战略规划部	企划部	企划部经理	王辉	男	140429XXXXXXXX4112	15128.00	453.84	14674.16
KY82005	战略规划部	企划部	规划员	林艺芳	女	130826XXXXXXXX8087	6200.00	186.00	6014.00
KY82006	战略规划部	企划部	规划员	李玉	女	130631XXXXXXXX3990	7880.00	236.40	7643.60
KY82007	综合管理部	行政部	行政部经理	凯琳	女	340405XXXXXXXX2995	11340.00	340.20	10999.80
KY82008	综合管理部	行政部	行政助理	董智磊	男	130682XXXXXXXX6431	6270.00	188.10	6081.90
KY82009	综合管理部	行政部	行政助理	曹丽珠	女	330522XXXXXXXX5887	4864.00	145.92	4718.08
KY82010	综合管理部	采购部	采购部经理	林月	女	350304XXXXXXXX6213	11580.00	347.40	11232.60
KY82011	综合管理部	采购部	采购人员	黄莱悦	男	330922XXXXXXXX9819	5624.00	168.72	5455.28
KY82012	综合管理部	采购部	采购人员	李丽云	女	331082XXXXXXXX2755	6308.00	189.24	6118.76

要求:读取"年终奖金发放.xlsx"表中数据为 df,根据 df 筛选"姓名""年终奖金""个税"列。

完成代码:

```
#引入 pandas
import pandas as pd
#读取 excel 表格
df = _____('年终奖金发放.xlsx',sheet_name='年终奖金发放表')
#df1 为筛选的姓名、年终奖金、个税三列
df1 = _____
print(df1)
```

任务三 财税数据提取

知识认知能力训练

一、单项选择题

1. 下图是名为 df 的 DataFrame,使用 map( )函数将 A 产品超过 5000 件的记录标记为产量达标,否则标记为产量不达标,下列语法正确的是(   )。

	时间	A产品	B产品	C产品
0	2022年1月	5200	4035	6010
1	2022年2月	4050	3118	5600
2	2022年3月	5800	4113	6900

A. df['产量达标情况']=df['A产品'].map(lambda x:'产量达标' if x<5000 else'产量不达标')

B. df['产量达标情况']=map(lambda x:'产量达标' if df['A产品']>5000 else'产量不达标')

C. df['产量达标情况']=df['A产品'].map(lambda x:'产量达标' if x>5000 else'产量不达标')

D. df['产量达标情况']=map(lambda x:'产量达标' if df['A产品']<5000 else'产量不达标')

2. 下图是名为df的DataFrame, 若当月产量达标, 则生产工人有奖金, 否则无奖金, 下列语法正确的是（　　）。

	时间	A产品	B产品	C产品	产量达标情况
0	2022年1月	5200	4035	6010	产量达标
1	2022年2月	4050	3118	5600	产量不达标
2	2022年3月	5800	4113	6900	产量达标

A. df['有无奖金']=df['产量达标情况'].map(['产量达标':'有奖金','产量不达标':'无奖金'])

B. df['有无奖金']=df['产量达标情况'].map({'产量达标':'有奖金','产量不达标':'无奖金'})

C. df['有无奖金']=df['产量达标情况'].apply({'产量达标':'有奖金','产量不达标':'无奖金'})

D. df['有无奖金']=df['产量达标情况'].applymap({'产量达标':'有奖金','产量不达标':'无奖金'})

3. 下图是名为df的DataFrame, C产品产量超过预期需求, 预计下一季度每月减产500件, 要求使用apply()函数将C产品所有产量减产500件, 下列语法正确的是（　　）。

	时间	A产品	B产品	C产品
0	2022年1月	5200	4035	6010
1	2022年2月	4050	3118	5600
2	2022年3月	5800	4113	6900

A. df['C产品预期新产量']=df['C产品'].apply(lambda x,y:x+y,args=(500))

B. df['C产品预期新产量']=df['C产品'].apply(lambda x,y:x+y,args=(-500))

C. df['C产品预期新产量']=df['C产品'].apply(lambda x,y:x+y,args=(-500,))
　　D. df['C产品预期新产量']=df['C产品'].apply(lambda x,y:x+y,args=(500,))
　4. 下图是名为 df 的 DataFrame，生产产品的成本均为每件 5 元，要求使用 applymap( )函数计算产品成本，下列语法正确的是（　　）。

	时间	A产品	B产品	C产品
0	2022年1月	5200	4035	6010
1	2022年2月	4050	3118	5600
2	2022年3月	5800	4113	6900

　　A. df.loc[0:2,'A产品':'C产品'].applymap(lambda x:x)*5
　　B. df.loc[0:2,'A产品':'C产品'].applymap(lambda x:5*x)
　　C. df.loc[0:2,'A产品':'C产品'].map(lambda x:5*x)
　　D. df.loc[0:2,'A产品':'C产品'].apply(lambda x:x)*5
　5. 下列关于 DataFrame.apply( )函数的说法错误的是（　　）。
　　A. axis=0 时，对每列执行指定函数；axis=1 时，对每行执行指定函数
　　B. 无论 axis=0 还是 axis=1，其传入指定函数的默认形式均为 Series
　　C. DataFrame.apply 函数没有 args 参数，因此不能传入功能更复杂的函数
　　D. 当对每个 Series 执行操作后，会将结果整合在一起返回
　6. 在 DataFrame.apply( )函数中，对每行执行指定函数，参数 axis=（　　）；对每列执行指定函数，参数 axis=（　　）。
　　A. 1,0　　　　　　B. 1,1　　　　　　C. 0,1　　　　　　D. 0,0
　7. 使用 map( )函数将"data1"这一列的数据改为保留两位小数，显示为列"data2"，下列语法正确的是（　　）。
　　A. df['data2']=df['data1'].map(lambda x : "%.2f"%x)
　　B. df['data2']=df['data1'].map(lambda x : x)
　　C. df['data2']=df['data1'].map(x : "%.2f"%x)
　　D. df['data2']=df['data1'].map(x)
　8. 某 DataFrame 有一列名为"地址"，获取"地址"列中数据的字符数，创建为新列"地址长度"，使用 apply( )函数，语法为（　　）。
　　A. df['地址长度']=df['地址'].apply( )
　　B. df['地址长度']=df['地址'].apply(len(x))
　　C. df['地址长度']=df['地址'].apply(len)
　　D. df['地址长度']=df['地址'].apply(lambda x:len)
　9. 某 DataFrame 有"数据1"和"数据2"两列，新增一列"合计"将"数据1"和"数据2"相加，使用 apply( )函数，语法为（　　）。
　　A. df['合计']=df[['数据1','数据2']].apply(lambda x : x.sum( ), axis=1)
　　B. df['合计']=df[['数据1','数据2']].apply(lambda x : x.sum( ), axis=0)
　　C. df['合计']=df[['数据1','数据2']].apply(sum( ), axis=1)
　　D. df['合计']=df[['数据1','数据2']].apply(sum( ), axis=0)

10. 下列函数既可以用于 Series，也可以用于 DataFrame 的行和列的是（　　）。
    A. lambda( )　　　　B. map( )　　　　C. apply( )　　　　D. applymap( )
11. 修改列名的函数是（　　）。
    A. rename( )　　　　　　　　　　　　B. set_name( )
    C. reindex( )　　　　　　　　　　　　D. change_name( )

二、多项选择题

1. 下图为某企业销售收入情况的 DataFrame，其中，业务员销售 CPU 的奖励为 CPU 收入的 5%。计算业务销售 CPU 的奖励，下列语法正确的有（　　）。

	序号	订单号	销售部门	销售员	销售地区	CPU	内存条	主板	硬盘	显示器	月份
0	1	2016040001	销售1部	张松	成都	8288	51425	66768	18710	26460	1
1	2	2016040002	销售1部	李新亿	上海	19517	16259	91087	62174	42220	1
2	3	2016040003	销售2部	王小伟	武汉	13566	96282	49822	80014	31638	1
3	4	2016040004	销售2部	赵强	广州	12474	8709	52583	18693	22202	1
4	5	2016040005	销售3部	孙超	合肥	68085	49889	59881	79999	41097	1
5	6	2016040006	销售3部	周成武	西安	77420	73538	34385	64609	99737	1
6	7	2016040007	销售4部	郑卫西	昆明	42071	19167	99404	99602	88099	1
7	8	2016040008	销售1部	张松	成都	53674	63075	33854	25711	92321	2
8	9	2016040009	销售1部	李新亿	上海	71698	77025	14144	97370	92991	2
9	10	2016040010	销售2部	王小伟	武汉	29359	53482	3907	99350	4495	2
10	11	2016040011	销售2部	赵强	广州	8410	29393	31751	14572	83571	2

    A. df['销售 CPU 抽成']=df['CPU'].filter(lambda x:x*0.05)
    B. df['销售 CPU 抽成']=df['CPU'].map(lambda x:x*0.05)
    C. df['销售 CPU 抽成']=df['CPU'].apply(lambda x:x*0.05)
    D. df['销售 CPU 抽成']=df['CPU'].applymap(lambda x:x*0.05)

2. 下图为某企业第一季度销售收入情况的 DataFrame，则关于 map( ) 函数的用法正确的有（　　）。

	序号	订单号	销售部门	销售员	销售地区	CPU	内存条	主板	硬盘	显示器	月份
0	1	2016040001	销售1部	张松	成都	8288	51425	66768	18710	26460	1
1	2	2016040002	销售1部	李新亿	上海	19517	16259	91087	62174	42220	1
2	3	2016040003	销售2部	王小伟	武汉	13566	96282	49822	80014	31638	1
3	4	2016040004	销售2部	赵强	广州	12474	8709	52583	18693	22202	1
4	5	2016040005	销售3部	孙超	合肥	68085	49889	59881	79999	41097	1
5	6	2016040006	销售3部	周成武	西安	77420	73538	34385	64609	99737	1
6	7	2016040007	销售4部	郑卫西	昆明	42071	19167	99404	99602	88099	1
7	8	2016040008	销售1部	张松	成都	53674	63075	33854	25711	92321	2
8	9	2016040009	销售1部	李新亿	上海	71698	77025	14144	97370	92991	2
9	10	2016040010	销售2部	王小伟	武汉	29359	53482	3907	99350	4495	2
10	11	2016040011	销售2部	赵强	广州	8410	29393	31751	14572	83571	2

  A. CPU、内存条销售收入合计超过 50000 元即业绩达标，使用 map( ) 函数计算语法：df['业绩是否达标'] = df[['CPU',['内存条']].map(lambda x+y : '达标' if x+y>50000 else '不达标')

  B. 硬盘成本为硬盘销售收入的 50%，使用 map( ) 函数计算语法：df['硬盘成本'] = df['硬盘'].map(lambda x : x*0.5)

  C. 硬盘销售收入超过 50000 元即此项业绩达标，使用 map( ) 函数语法：df['硬盘业绩是否达标'] = df['硬盘'].map(lambda x : '达标' if x>50000 else '不达标')

  D. 硬盘销售收入达标业务员即可拿到此项业绩的奖励，使用 map 函数语法：df['是否可拿硬盘奖励'] = df['硬盘业绩是否达标'].map({'达标':'可拿','不达标':'不可拿'})

3. 有一名为 df2 的 DataFrame，如下图：

	部门	姓名	职务	基本工资	岗位工资
A	办公室	王华	总经理	6000	4000
B	办公室	王丰明	主任	4000	3200
C	财务部	王华明	财务部经理	4600	2200
D	财务部	张翔	会计	3200	1500

可以筛选出如下图所示数据的语句有（　　）。

	姓名	职务	基本工资
B	王丰明	主任	4000
C	王华明	财务部经理	4600
D	张翔	会计	3200

  A. df2.loc[['B','C','D'],['姓名','职务','基本工资']]

  B. df2.loc['B':'D','姓名':'基本工资']

C. df2.iloc[1:,1:4]
D. df2.iloc[1:4,[1,2,3]]

4. 有一名为 df 的 DataFrame，如下图：

	部门	姓名	职务	基本工资	岗位工资
0	办公室	王华	总经理	6000	4000
1	办公室	王丰明	主任	4000	3200
2	财务部	王华明	财务部经理	4600	2200
3	财务部	张翔	会计	3200	1500

可以筛选出"基本工资"大于等于 4000 元的语句有（　　）。
A. df.loc(df['基本工资']>=4000)
B. df.iloc[df['基本工资']>=4000]
C. df.loc[df['基本工资']>=4000]
D. df[df['基本工资']>=4000]

三、判断题

1. apply() 函数中的 args 参数是接收元组，若为单元素元组，则应加逗号。（　　）
2. Series.map() 函数可以接受一个函数或含有映射关系的字典型对象。（　　）
3. 对 DataFrame 调用 applymap() 函数，会将传入的函数参数应用于 DataFrame 的行或列。（　　）
4. 默认情况下，apply() 函数应用于每行，如果 axis=1，则应用于每列。（　　）
5. applymap() 函数的功能是将传入的函数参数作用于 DataFrame 的所有元素。（　　）
6. iloc() 函数和 loc() 函数选择出的数据会直接替换掉原来数据框中的数据。（　　）
7. 在操作数据框的一些函数中，使用 inplace=True 参数可以直接在原数据框中修改，无须重新赋值给新数据框变量。（　　）

专业应用能力训练

四、案例题

南京白云公司年终奖金发放明细表（年终奖金发放.xlsx）（局部）如下：

工号	一级部门	二级部门	岗位	姓名	性别	证照号码	年终奖金	个税	实发年终奖金
KY82001	战略规划部	总经办	总经理	许建辉	男	350925XXXXXXXX0148	28920.00	2787.00	26133.00
KY82002	战略规划部	总经办	副经理	刘晓光	男	130728XXXXXXXX4398	30555.00	2950.50	27604.50
KY82003	战略规划部	总经办	总经理助理	林丽萍	女	340421XXXXXXXX0989	13975.00	419.25	13555.75
KY82004	战略规划部	企划部	企划部经理	王辉	男	140429XXXXXXXX4112	15128.00	453.84	14674.16
KY82005	战略规划部	企划部	规划员	林艺芳	女	130826XXXXXXXX8087	6200.00	186.00	6014.00
KY82006	战略规划部	企划部	规划员	李玉	女	130631XXXXXXXX3990	7880.00	236.40	7643.60
KY82007	综合管理部	行政部	行政部经理	凯琳	女	340405XXXXXXXX2995	11340.00	340.20	10999.80
KY82008	综合管理部	行政部	行政助理	董智磊	男	130682XXXXXXXX6431	6270.00	188.10	6081.90
KY82009	综合管理部	行政部	行政助理	曹丽珠	女	330522XXXXXXXX5887	4864.00	145.92	4718.08
KY82010	综合管理部	采购部	采购部经理	林月	女	350304XXXXXXXX6213	11580.00	347.40	11232.60
KY82011	综合管理部	采购部	采购人员	黄莱悦	男	330922XXXXXXXX9819	5624.00	168.72	5455.28
KY82012	综合管理部	采购部	采购人员	李丽云	女	331082XXXXXXXX2755	6308.00	189.24	6118.76

要求：

(1) 读取"年终奖金发放.xlsx"，新增一列"考核情况"，该列的数据为：若年终奖金超过 10000 元，则显示为"考核优秀"，否则显示为"考核合格"。

(2) 新增一列"年假奖励"，该列的数据为：若考核情况是"考核优秀"，则显示"奖励年假 3 天"，否则显示"奖励年假 1 天"。

完成代码：

```
#引入 pandas
import pandas as pd
# 读取年终奖金发放表
df = pd.read_excel('年终奖金发放表.xlsx')

#增加"考核情况"列,并计算值
df['考核情况'] = df['年终奖金']._____ (lambda x:'考核优秀' _____
    else '考核合格')
#增加"年假奖励"列,并计算值
df['年假奖励'] = _____.map({'考核优秀':_____,_____:'奖励
    年假 1 天'})
df
```

任务四　财税数据连接与合并

知识认知能力训练

一、单项选择题

1. 将以下 DataFrame 按照物料名称进行分组，汇总计算各物料入库数量的合计数和出库数量的合计数，下列语法正确的是（　　）。

	日期	物料编码	物料名称	入库数量	出库数量
0	2017-1-2	A0002	物料2	82	150
1	2017-1-3	A0001	物料1	92	176
2	2017-1-4	A0001	物料1	300	181
3	2017-1-4	A0003	物料3	88	128
4	2017-1-6	A0002	物料2	101	161
5	2017-1-7	A0001	物料1	175	126

A. df1＝df.groupby('物料名称').mean( )

B. df1＝df.groupby('物料名称').sum('入库数量','出库数量')

C. df1＝df.groupby('物料名称').sum( )

D. df1＝df.groupby('物料名称').agg('入库数量','出库数量')

2. 将以下 DataFrame 按照"物料名称"进行分组，汇总计算各物料入库数量的合计数、平均值及出库数量的最大值，下列语法正确的是（　　）。

	日期	物料编码	物料名称	入库数量	出库数量
0	2017-1-2	A0002	物料2	82	150
1	2017-1-3	A0001	物料1	92	176
2	2017-1-4	A0001	物料1	300	181
3	2017-1-4	A0003	物料3	88	128
4	2017-1-6	A0002	物料2	101	161
5	2017-1-7	A0001	物料1	175	126

A. df2＝df.groupby('物料名称').agg('入库数量':'sum','mean','出库数量':'max')

B. df2＝df.groupby('物料名称').agg{'入库数量':'sum','mean','出库数量':'max'}

C. df2＝df.groupby('物料名称').agg({'入库数量':['sum','mean'],'出库数量':'max'})

D. df2＝df.groupby.agg({'入库数量':['sum','mean'],'出库数量':'max'})

3. 将以下 DataFrame 按照"物料名称"进行分组，汇总计算各物料出库数量的合计数，并不以组标签为索引，下列语法正确的是（　　）。

	日期	物料编码	物料名称	入库数量	出库数量
0	2017-1-2	A0002	物料2	82	150
1	2017-1-3	A0001	物料1	92	176
2	2017-1-4	A0001	物料1	300	181
3	2017-1-4	A0003	物料3	88	128
4	2017-1-6	A0002	物料2	101	161
5	2017-1-7	A0001	物料1	175	126

A. df3＝df.groupby('物料名称',as_index＝True).agg('出库数量':'sum')

B. df3＝df.groupby('物料名称',as_index＝True).agg({'出库数量':'sum'})

C. df3 = df.groupby('物料名称', as_index = False).agg('出库数量':'sum')

D. df3 = df.groupby('物料名称', as_index = False).agg({'出库数量':'sum'})

4. 将以下 DataFrame 使用 groupby( )函数按"物料名称"进行分组,并查看"物料 1"数据,下列语法正确的是(　　)。

	日期	物料编码	物料名称	入库数量	出库数量
0	2017-1-2	A0002	物料2	82	150
1	2017-1-3	A0001	物料1	92	176
2	2017-1-4	A0001	物料1	300	181
3	2017-1-4	A0003	物料3	88	128
4	2017-1-6	A0002	物料2	101	161
5	2017-1-7	A0001	物料1	175	126

A. df.groupby('物料名称')

B. df.groupby('物料名称').get_group ('物料 1')

C. df.groupby('物料名称').apply(lambda x:x == '物料 1')

D. df.groupby('物料名称').map(lambda x:x == '物料 1')

5. 下列关于 groupby( )函数的说法错误的是(　　)。

A. 可以使用 level 参数对分层索引的不同级别进行分组

B. 对分组进行聚合,聚合后的数据可以形成新的 DataFrame,无法聚合的列被抛弃

C. 对 DataFrame 数据进行分组操作后,返回的结果是一个 DataFrame 或 Series 对象

D. groupby( )函数默认 axis = 0,进行纵向分割

6. 下列函数表示求分组非空值的方差的是(　　)。

A. groupby( ).median( )　　　　　B. groupby( ).var( )

C. groupby( ).std( )　　　　　　　D. groupby( ).last( )

7. 下图为 df,求 df 每列的最大值、最小值、平均值,下列语法正确的是(　　)。

	A	B	C	D	E
0	20	20	15	24	24
1	7	14	2	21	22
2	8	21	6	4	21
3	7	21	24	10	14
4	16	4	19	23	12

A. df1 = df.agg({'A':['max','min','mean']})

B. df1 = df.agg(['max','min','mean'])

C. df1 = df.groupby('A').agg(['max','min','mean'])

D. df1 = df.groupby('A').agg('max','min','mean')

8. 下图为 df，计算"A"列的合计数与最小值、"B"列的最大值与最小值、"C"列的合计数与最大值，下列语法正确的是（　　）。

	A	B	C	D	E
0	20	20	15	24	24
1	7	14	2	21	22
2	8	21	6	4	21
3	7	21	24	10	14
4	16	4	19	23	12

A. df2=df.agg({'A':['sum','min'],'B':['max','min'],'C':['sum','max']})
B. df2=df.groupby().agg({'A':['count','min'],'B':['max','min'],'C':['count','max']})
C. df2=df.agg({'A':['count','min'],'B':['max','min'],'C':['count','max']})
D. df2=df.groupby({'A':['sum','min'],'B':['max','min'],'C':['sum','max']})

9. 下图为 df，按照商品名称进行分组，计算每个商品的成本，下列语法正确的是（　　）。

	商品名称	进货数量	单价	成本
0	甲	20	8.5	170
1	乙	15	12.0	180
2	丙	30	18.0	540
3	甲	40	8.5	340
4	乙	10	12.0	120

A. df.groupby('商品名称').agg('成本':'sum')
B. df[['商品名称','成本']].groupby('商品名称').sum()
C. df.groupby('商品名称').sum()
D. df.groupby('商品名称').agg(sum)

10. 下图为 df，按商品名称分组进行描述统计，并重置索引，下列语法正确的是（　　）。

	商品名称	进货数量	单价	成本
0	甲	20	8.5	170
1	乙	15	12.0	180
2	丙	30	18.0	540
3	甲	40	8.5	340
4	乙	10	12.0	120

A. df.groupby('商品名称').sum().reset_index()
B. df.groupby('商品名称').describe().reset_index()

C. df.groupby('商品名称').count().unstack()

D. df.groupby('商品名称').describe().unstack()

11. 下列关于concat()函数和merge()函数的区别的说法错误的是（　　）。

　　A. concat()函数和merge()函数都能实现横向拼接

　　B. concat()函数只能横向拼接，merge()函数可横向拼接也可纵向拼接

　　C. concat()函数只能进行表拼接，不能查找公共列，merge()函数可以按照键进行拼接

　　D. concat()函数可以对多表进行操作，merge()函数只能操作两张表

12. 对于pd.merge(df1,df2,how='outer')输出的图表，下列说法正确的是（　　）。

　　A. df1与df2内连接，取并集　　　　B. df1与df2内连接，取交集

　　C. df1与df2外连接，取并集　　　　D. df1与df2外连接，取交集

13. 对于merge()函数的表格连接方式，下列说法错误的是（　　）。

　　A. inner表示内连接，取交集　　　　B. outer表示外连接，取并集

　　C. left表示左连接，右侧取全部　　　D. right表示右连接，右侧取全部

14. 有df1和df2两张表，要让两张表的行数进行叠加拼接，下列语法正确的是（　　）。

　　A. df=pd.concat([df1,df2])

　　B. df=pd.concat([df1,df2],axis=1)

　　C. df=pd.merge(df1,df2,how='left')

　　D. df=pd.merge(df1,df2,how='right')

15. 有df1、df2、df3、df4四张表，要对这四张表进行横向拼接，可以使用的函数是（　　）。

　　A. merge()　　　　　　　　　　　　B. append()

　　C. agg()　　　　　　　　　　　　　D. groupby()

16. 下列图1、图2分别为df1和df2，若要生成图3 df3，则下列语法正确的是（　　）。

	资产编号	资产名称	类别名称	使用部门
0	11171	办公楼	房屋建筑	总经办
1	11152	厂房	房屋建筑	生产部
2	11163	仓库	房屋建筑	销售部
3	41154	货车	运输工具	销售部
4	21165	机床	生产设备	生产部
5	21166	机床	生产设备	生产部
6	21177	吊车	生产设备	生产部

图1

	资产编号	可用年限	开始使用日期	折旧方法	资产原值
0	11171	30	2017-9-2	平均年限法	1000000000
1	11152	30	2015-9-18	平均年限法	120000000
2	11163	30	2016-8-18	平均年限法	60000000
3	41154	8	2015-10-8	年数总和法	300000
4	21165	10	2016-10-16	年数总和法	650000
5	21166	10	2016-10-16	年数总和法	456000
6	21177	12	2017-6-17	双倍余额法	1200000

图2

	资产编号	资产名称	类别名称	使用部门	可用年限	开始使用日期	折旧方法	资产原值
0	11171	办公楼	房屋建筑	总经办	30	2017-9-2	平均年限法	1000000000
1	11152	厂房	房屋建筑	生产部	30	2015-9-18	平均年限法	120000000
2	11163	仓库	房屋建筑	销售部	30	2016-8-18	平均年限法	60000000
3	41154	货车	运输工具	销售部	8	2015-10-8	年数总和法	300000
4	21165	机床	生产设备	生产部	10	2016-10-16	年数总和法	650000
5	21166	机床	生产设备	生产部	10	2016-10-16	年数总和法	456000
6	21177	吊车	生产设备	生产部	12	2017-6-17	双倍余额法	1200000

图 3

A. df3 = pd.merge(df1,df2,how = 'left')
B. df3 = pd.concat([df1,df2],axis = 1)
C. df1.join(df2)
D. df1.append(df2)

17. 下列图 1、图 2 分别为 df1 和 df2，若要生成图 3 df3，则下列语法正确的是（　　）。

	资产编号	资产名称	类别名称	使用部门
0	11171	办公楼	房屋建筑	总经办
1	11152	厂房	房屋建筑	生产部
2	11163	仓库	房屋建筑	销售部
3	41154	货车	运输工具	销售部
4	21165	机床	生产设备	生产部
5	21166	机床	生产设备	生产部
6	21177	吊车	生产设备	生产部

图 1

	资产编号	可用年限	开始使用日期	折旧方法	资产原值
0	11171	30	2017-9-2	平均年限法	1000000000
1	11152	30	2015-9-18	平均年限法	120000000
2	11163	30	2016-8-18	平均年限法	60000000
3	41154	8	2015-10-8	年数总和法	300000
4	21165	10	2016-10-16	年数总和法	650000
5	21166	10	2016-10-16	年数总和法	456000
6	21177	12	2017-6-17	双倍余额法	1200000

图 2

	资产编号	资产名称	类别名称	使用部门	资产编号	可用年限	开始使用日期	折旧方法	资产原值
0	11171	办公楼	房屋建筑	总经办	11171	30	2017-9-2	平均年限法	1000000000
1	11152	厂房	房屋建筑	生产部	11152	30	2015-9-18	平均年限法	120000000
2	11163	仓库	房屋建筑	销售部	11163	30	2016-8-18	平均年限法	60000000
3	41154	货车	运输工具	销售部	41154	8	2015-10-8	年数总和法	300000
4	21165	机床	生产设备	生产部	21165	10	2016-10-16	年数总和法	650000
5	21166	机床	生产设备	生产部	21166	10	2016-10-16	年数总和法	456000
6	21177	吊车	生产设备	生产部	21177	12	2017-6-17	双倍余额法	1200000

图 3

A. df3 = pd.merge(df1,df2,how = 'left')
B. df3 = pd.concat([df1,df2],axis = 1)
C. df1.join(df2)
D. df1.append(df2)

18. 下列图1、图2分别为df1和df2，若要生成图3 df3，则下列语法正确的是（　　）。

图1

图2

图3

A. df3 = pd.merge(df1,df2,how = 'left')
B. df3 = pd.concat([df1,df2],axis = 1)
C. df1.join(df2)
D. df1.append(df2)

19. 下列图1、图2分别为df1和df2，若要生成图3 df3，则下列语法正确的是（　　）。

图 1

图 2

图 3

A. df3 = pd.merge(df1, df2, how = 'left')
B. df3 = pd.concat([df1, df2], axis = 0)
C. df1.join(df2)
D. df1.append(df2)

20. 如图，有两张表 df1 和 df2，它们有相同的列"资产编号"，并且该列内容相同，若用 join() 函数将两张表合并成一张表，则下列语法正确的是（　　）。

A. df1.join(df2)
B. df1.join(df2, on = '资产编号')
C. df1.join(df2.set_index('资产编号'), on = '资产编号')
D. df1.join(df2.set_index('资产编号'))

二、判断题

1. groupby()函数中参数 axis=0 代表纵向分割，axis=1 代表横向分割。（   ）
2. 在 groupby()函数后调用 agg()函数自定义聚合方式，可在一次计算中完成多种聚合。（   ）
3. 使用 groupby()函数对 DataFrame 数据进行分组操作后，返回的结果是一个 DataFrame 或 Series 对象。（   ）
4. agg()函数具有自定义聚合功能，可以对选定列使用不同的聚合，但不能对每列使用相同的多种聚合。（   ）
5. 两张不同字段的表存在相同的键，可以用 merge()函数根据键将两张表整合到一张表里面。（   ）
6. 有两张表 df1 和 df2，它们除了列名有重叠外，内容并没有重叠的地方，如果用 merge()函数合并表格，使用语法 pd.merge(df1, df2)，会出现语法错误。（   ）
7. append()函数通常是将两个 DataFrame 纵向连接，是 concat(axis=1)的简略形式。（   ）
8. concat()函数可以根据键将两张表进行横向拼接。（   ）
9. 如果两张表存在相同的列，没有办法通过 join()函数进行连接合并。（   ）

专业应用能力训练

三、案例题

1. 读取第一张工资明细表和第二张年终奖金发放表，根据相同的键将工资明细表和年终奖金发放表整合到一张表（第三张表）里面，连接方式为左连接。

	姓名	性别	基础工资
0	易运珍	女	2000.0
1	朱琼英	女	1500.0
2	朱清英	男	2000.0
3	卓海娟	女	2500.0
4	熊山	男	2400.0
5	毕玲	女	2000.0

	姓名	性别	年终奖金
0	易运珍	女	20000.0
1	朱琼英	女	15000.0
2	朱清英	男	18000.0
3	卓海娟	女	21000.0

	姓名	性别	基础工资	年终奖金
0	易运珍	女	2000.0	20000.0
1	朱琼英	女	1500.0	15000.0
2	朱清英	男	2000.0	18000.0
3	卓海娟	女	2500.0	21000.0
4	熊山	男	2400.0	NaN
5	毕玲	女	2000.0	NaN

完成代码：

```
import pandas as pd
#读取工资明细表和年终奖金发放表
df1=pd.read_excel('工资结算明细表.xlsx')
df2=pd.read_excel('年终奖金发放表.xlsx')
#连接读取的两张表
df3=_____
df3
```

2. 有三个 DataFrame，请按行连接成一个新的 DataFrame，并重建索引。完成代码：

```
import pandas as pd
df1=pd.DataFrame({'A': ['A0', 'A1', 'A2'],
                  'B': ['B0', 'B1', 'B2'],
                  'C': ['C0', 'C1', 'C2']})
df2=pd.DataFrame({'A': ['A3', 'A4', 'A5'],
                  'B': ['B3', 'B4', 'B5'],
                  'C': ['C3', 'C4', 'C5']})
df3=pd.DataFrame({'A': ['A6', 'A7', 'A8'],
                  'B': ['B6', 'B7', 'B8'],
                  'C': ['C6', 'C7', 'C8']})
df4=pd._____(_____,ignore_index=_____)
df4
```

任务五　财税数据分组聚合

知识认知能力训练

一、单项选择题

1. 在 Pandas 中，可以创建数据透视表的函数是（　　）。
   A. pivot_table( )　　　　　　　　　B. groupby( )
   C. reshape( )　　　　　　　　　　D. aggregate( )
2. 数据透视表允许用户对数据进行的操作是（　　）。
   A. 排序　　　　B. 过滤　　　　C. 聚合　　　　D. 所有上述操作

3. 在数据透视表中，用于指定要聚合的列的参数是（　　）。
   A. values　　　　B. index　　　　C. columns　　　　D. aggfunc
4. 若要在数据透视表中使用多个聚合函数，可以使用的参数是（　　）。
   A. values　　　　B. index　　　　C. columns　　　　D. aggfunc
5. 对于 pivot_table( ) 函数语法中的相关参数，下列描述错误的是（　　）。
   A. index 表示数据透视表的行索引，可选取一列或多列
   B. columns 表示数据透视表的列索引，可选取一列或多列
   C. values 表示数据透视表的元素值，若不指定 values，则默认没有元素值
   D. fill_value=0 表示用 0 填充空值
6. 在 pivot_table( ) 函数中，如果不需要显示全部数值列，可以用（　　）参数指定需要的数值列。
   A. index　　　　B. columns　　　　C. values　　　　D. fill_value
7. 在 Pandas 中，pivot_table( ) 函数用于（　　）。
   A. 将数据框转换为透视表　　　　B. 对数据框进行排序操作
   C. 进行数据过滤操作　　　　　　D. 计算数据框的总和
8. pivot_table( ) 函数中的 values 参数用于（　　）。
   A. 指定要聚合的数值列　　　　B. 指定要透视的行索引
   C. 指定要透视的列索引　　　　D. 指定要透视的过滤条件
9. pivot_table ( ) 函数中的 index 参数用于（　　）。
   A. 指定要聚合的数值列　　　　B. 指定要透视的行索引
   C. 指定要透视的列索引　　　　D. 指定要透视的过滤条件
10. pivot_table( ) 函数中的 columns 参数用于（　　）。
    A. 指定要聚合的数值列　　　　B. 指定要透视的行
    C. 指定要透视的列　　　　　　D. 指定要透视的过滤条件
11. 当对数据进行透视操作时，pivot_table ( ) 函数中的 aggfunc 参数用于（　　）。
    A. 指定透视表中每个单元格的计算方法
    B. 指定透视表中的行标签
    C. 指定透视表中的列标签
    D. 指定透视表中的过滤条件
12. 使用 pivot_table( ) 函数制作数据透视表，选择 df 中的"列 2"作为行索引，"列 1"作为列索引，"列 3"和"列 4"作为元素值，计算平均值，下列语法错误的是（　　）。
    A. pd.pivot_table(df,index='列 2',columns='列 1',values=['列 3','列 4'])
    B. df.pivot_table(index='列 2',columns='列 1',values=['列 3','列 4'])
    C. pd.pivot_table(df,index='列 2',columns='列 1',values=['列 3','列 4'],aggfunc='mean')
    D. df.pivot_table(index='列 2',columns='列 1',values=['列 3','列 4'],aggfunc=mean)
13. 使用 pivot_table( ) 函数制作数据透视表，如果需要进行数据汇总，汇总栏命名为"汇总"，下列参数设置正确的是（　　）。

A. margins=True,margins_name='汇总'
B. margins=True,margins_name=['汇总']
C. margins=False,margins_name='汇总'
D. margins=False,margins_name=['汇总']

14. 若要用"空"替换 dataframe 对象中所有的空值,可以使用的语句是(   )。
    A. df.fillna('空')   B. df.isnull('空')
    C. df.tail('空')   D. df.info('空')

二、多项选择题

1. 最简单的数据透视表必须有(   )。
   A. 一个 DataFrame   B. 一个 index
   C. 一个 value   D. 一个 columns
2. 使用数据透视表时,聚合函数的类型可以是(   )。
   A. 字符串函数名   B. 整数
   C. 函数   D. 列名
3. pivot_table()函数的作用有(   )。
   A. 将数据旋转为透视表格形式   B. 对数据进行分组和聚合操作
   C. 对数据进行排序和筛选操作   D. 将数据转换为 JSON 格式

三、判断题

1. pivot_table()函数中参数 aggfunc='sum'表示值计算方式为求和,该参数默认值为"sum"。(   )
2. pivot_table()函数可对列进行操作,通过指定行、列、元素值,进行汇总计算。(   )
3. 可以使用 melt()函数将宽表转为长表。(   )
4. pivot_table()函数的默认聚合函数是求和(sum)。(   )
5. pivot_table()函数中的 fill_value 参数用于指定在出现缺失值时的填充值。(   )

专业应用能力训练

四、案例题

1. 下图为"销售订单.xlsx"中的部分数据,按订购额的3%计算销售人员的佣金,制作数据透视表,求每个销售人员的销售佣金总和,指定"销售人员"为行索引。

	A	B	C	D	E	F
1	国家	销售人员	订购日期	定单号	订购量	订购额
2	中国	王宪	2020-7-16	10248	22	440
3	中国	刘元	2020-7-10	10249	93	1863.4
4	美国	赵晓	2020-7-12	10250	77	1552.6
5	美国	张自	2020-7-13	10251	32	654.06
6	美国	赵晓	2020-7-14	10252	179	3597.9
7	美国	张自	2020-7-15	10253	72	1444.8
8	美国	张自	2020-7-16	10254	27	556.62
9	中国	王宪	2020-7-17	10255	124	2490.5
10	中国	马小平	2020-7-18	10256	25	517.8
11	美国	张自	2020-7-19	10257	55	1119.99
12	美国	赵晓	2020-7-20	10258	80	1614.88
13	美国	李丽	2020-7-21	10259	5	100.8
14	美国	赵晓	2020-7-22	10260	75	1504.65
15	美国	赵晓	2020-7-23	10261	224	4480

完成代码：

```
#引入 pandas
import numpy as np
import pandas as pd
# 读取销售订单表
df=pd.read_excel('销售订单.xlsx')
#新增加一列"销售佣金",按订购额的 3% 计算
df['销售佣金']=_____
#数据透视表 pivot_table
df1=pd.pivot_table(df,index=_____,_____='销售佣金',_____=
   np.sum)
```

2. 有一个包含销售数据的数据集，其中包含列"日期""产品""销售人员""销售额"。请使用 pivot_table( ) 函数创建一个数据透视表，将"日期""销售人员"作为行索引，"产品"作为列索引，并计算每个日期和产品组合的销售额，用 0 填充空值。

	日期	产品	销售人员	销售额
0	2023-08-01	单片夹	张丽丽	3600
1	2023-08-01	纽扣袋拉链袋	刘有三	2499
2	2023-08-02	信封	高霞	7440
3	2023-08-06	信封	李富贵	6390
4	2023-08-06	报刊架	张丽丽	10845
5	2023-08-06	报刊架	高霞	11790
6	2023-08-14	铅笔	王鹏宇	7840

完成代码：

```
import pandas as pd
df=pd.read_excel('销售数据.xlsx')
pd.pivot_table(_____,index = _____,_____ =
   '产品',_____=0,aggfunc='sum')
```

任务六　数据可视化

知识认知能力训练

一、单项选择题

1. 在 Python 中，用于数据可视化的主要库是（　　）。
   A. NumPy   B. Matplotlib
   C. BeautifulSoup   D. Requests
2. 如果需要在 Python 中进行数据可视化，我们可以使用语句（　　）导入相关的库。
   A. import numpy as np
   B. import pandas as pd
   C. import matplotlib.pyplot as plt
   D. import turtle
3. 下列函数可以用于创建简单折线图的是（　　）。
   A. plot( )   B. scatter( )   C. hist( )   D. bar( )
4. 下列函数可以用于设置图表标题的是（　　）。
   A. title( )   B. xlabel( )   C. ylabel( )   D. legend( )
5. 创建一个2行3列的 axes 对象，并选择绘图区域为3，plt.subplot( )函数正确的语法为（　　）。
   A. plt.subplot(2,2,3)   B. plt.subplot(3,2,3)
   C. plt.subplot(2,3,3)   D. plt.subplot(3,3,2)
6. 利用 Matplotlib 编写一个程序，能够填入以下语句空白处，显示 $y=10x+2$ 这条直线的选项是（　　）。

```
from matplotlib import pyplot as plt
import numpy as np
plt.figure( )
```

```
x = _____
y = _____
plt.plot(x,y)
plt.show()
```
A. x=(0,1)　　y=10*x+2

B. x=np.array([1,2,3,4])　　y=10*x+2

C. x=np.array([1,2,3,4])　　y=10x+2

D. x=[1,2,3,4]　　y=10x+2

7. 利用 DataFrame 的数据形成柱状图，x 轴上显示的数据为"列 1"，y 轴上显示的数据为"列 2""列 3"，标题为"柱状图"，颜色选择"黄色"，下列函数 df.plot()内参数设置正确的是（　　）。

A. df.plot('列 1',['列 2','列 3'],kind='bar',title='柱状图',color='y')

B. df.plot('列 1','列 2','列 3',title='柱状图',color='y')

C. df.plot('列 1','列 2','列 3',kind='barh',title='柱状图',color='y')

D. df.plot('列 1',['列 2','列 3'],kind='line',title='柱状图',color='y')

8. plot()函数中，设置折线线型样式为点划线，下列参数设置正确的是（　　）。

A. linestyle='-'　　　　　　　　B. linestyle='--'

C. linestyle='-.'　　　　　　　　D. linestyle=':'

9. 绘制组合图形，将画布分为 2 行 1 列的绘图空间，共用 x 轴和 y 轴，下列使用 subplots()函数的语法正确的是（　　）。

A. fig,ax=plt.subplots(1,2,sharex=False,sharey=False)

B. fig,ax=plt.subplots(1,2,sharex=True,sharey=True)

C. fig,ax=plt.subplots(2,1,sharex=False,sharey=False)

D. fig,ax=plt.subplots(2,1,sharex=True,sharey=True)

二、多项选择题

1. 在空白画布 figure 中创建 4 个子图，返回第 1 个子图区域，下列选项可以实现该操作的有（　　）。

A. plt.subplot(2,2,1)

B. plt.subplot(2,2,2)

C. fig,ax=plt.subplots(2,2)　　　df.plot(ax=ax[0])

D. fig,ax=plt.subplots(2,2)　　　df.plot(ax=ax[1])

2. 利用 Matplotlib 绘制如右图所示的饼图，显示每天时间分配情况，下列代码空白处可填入的选项有（　　）。

```
importmatplotlib.pyplot as plt
x=['学习','睡','吃','玩']
y=[8,7,3,6]#各活动时间
```

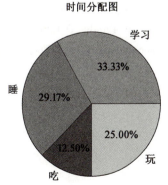

```
col = ['r','g','b','y']
plt.pie(y,_____)
plt.title('时间分配图')
plt.show()
```
　　A. labels = x　　　　　　　　　　B. shadow = True
　　C. autopct = '%.2f%%'　　　　　　D. colors = col

3. 对于根据以下代码绘制的图形，下列说法正确的有（　　）。
```
fig,ax = plt.subplots(2,1,sharex = True,figsize = (24,24))
df.plot('月','毛利率',ax = ax[0],kind = 'scatter',title = '2020年盈利能力指标统
    计',color = 'y')
df.plot('月','权益净利率',ax = ax[1],marker = 's',title = '2020年权益净利率')
```
　　A. 创建2个子图则有2个坐标系
　　B. 共享x轴，figure的大小为24*24
　　C. 第一个子图绘图区域的图形为饼图，标题为"2020年盈利能力指标统计"，颜色为黄色
　　D. 第二个子图绘图区域的图形为折线图，标题为"2020年权益净利率"，标记点为实心点

4. 下列选项可以实现制作饼图的有（　　）。
　　A. DataFrame.plot()　　　　　　　B. DataFrame.plot('kind = pie')
　　C. plt.pie()　　　　　　　　　　　D. DataFrame.pie()

5. 可在plt.plot()函数内设置样式的参数有（　　）。
　　A. color　　　　　　　　　　　　B. linestyle
　　C. marker　　　　　　　　　　　D. linewidth

三、判断题

1. Pandas提供了Pandas.DataFrame.plot()绘图函数，可以绘制多种图形样式，因此不需要引入Matplotlib库。（　　）

2. Pandas.DataFrame.plot()绘图函数绘制的图形样式默认为柱状图（bar）。（　　）

3. 空白画布（figure）中默认有一个坐标系（axes），创建n个子图则有n个坐标系，作图在坐标系中完成。（　　）

4. Pandas.DataFrame.plot()绘图函数可以绘制双轴图，如果y轴数据差异大，可使用secondary_y这个参数设置第二个y轴数据。（　　）

5. 在确定子图编号时subplot()函数从1开始。（　　）

专业应用能力训练

四、案例题

1. 如图，绘制一个简单的折线图，其中 x 轴表示时间（从 0 到 10），y 轴表示某个物体的位置（从 0 到 100）。使用红色的实线连接数据点，并给图表添加合适的标题以及 x 轴和 y 轴标签。

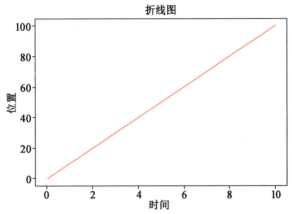

完成代码：

```
import _____ as plt

plt.rcParams['font.sans-serif']='SimHei'
plt.rcParams['axes.unicode_minus']=False

plt._____(range(11),range(0,101,10))
plt._____('时间')
plt._____('位置')
plt._____('折线图')
```

2. 如图，绘制一个柱状图，展示五个不同城市的平均气温。城市名称为"北京""上海""广州""深圳""成都"，对应的平均气温（单位:℃）为 15、18、22、20、17。设置每个柱子的宽度为 0.5，并给图表添加合适的标题以及 x 轴和 y 轴标签。

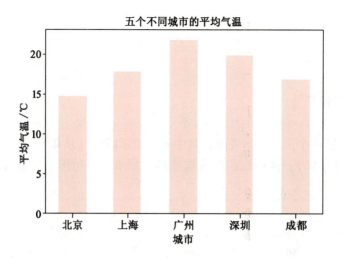

完成代码:

```
import matplotlib.pyplot as plt
plt._____['font.sans-serif']='SimHei'
plt._____['axes.unicode_minus']=False

city=['北京','上海','广州','深圳','成都']
tep=[15,18,22,20,17]

plt._____(_____,_____,_____=0.5)
plt.xlabel('城市')
plt.ylabel('平均气温/℃')
plt.title('五个不同城市的平均气温')
```

3. 如图,绘制一个散点图,表示某个班级学生的数学成绩与语文成绩的关系。假设有5个学生,其数学成绩和语文成绩分别为:

数学成绩(单位:分):80、65、90、70、85

语文成绩(单位:分):75、82、92、67、80

在散点图中,使用不同的颜色表示每个学生,并给图表添加合适的标题以及x轴和y轴标签。

完成代码:

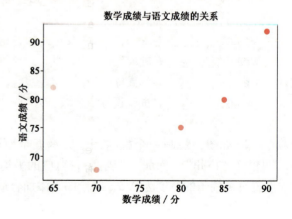

```
import matplotlib.pyplot as plt
plt.rcParams['_____']='SimHei'
plt.rcParams['_____']=False

math=[80,65,90,70,85]
chinese=[75,82,92,67,80]
plt._____(math,chinese,_____=['b','g','r',
    'y','c'])
plt.xlabel('数学成绩/分')
plt.ylabel('语文成绩/分')
plt.title('数学成绩与语文成绩的关系')
```

4. 如图，绘制一个饼图，表示某个班级学生的考试成绩分布。假设有 30 个学生，其考试成绩按照以下分数段划分：

90 分以上：10 人
80~89 分：8 人
70~79 分：6 人
60~69 分：4 人
60 分以下：2 人

用扇形来显示各个分数段的人数比例，并添加适当的标签。

完成代码：

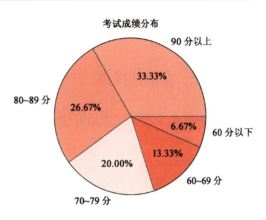

```
import matplotlib.pyplot as plt
plt.rcParams['font.sans-serif']='SimHei'
plt.rcParams['axes.unicode_minus']=False

dict1={'90分以上':10,'80~89分':8,'70~79分':6,'60~69分':4,'60分以
    下':2}

plt._____(dict1.values(),labels=_____,_____='%.2f%%')
plt.title('考试成绩分布')
```

项目八

Python 爬虫基础

任务 用 Python 爬虫获取财税数据的步骤

知识认知能力训练

一、单项选择题

1. 根据爬虫协议，网站可建立一个（　　）文件来告诉搜索引擎哪些页面不能抓取。
   A. robot.txt   B. robots.txt
   C. forbidden.txt   D. Forbidden
2. 网络爬虫又称为网络蜘蛛或（　　），是互联网时代一项普遍运用的网络信息搜集技术。
   A. 网络采集者   B. 网络收集者
   C. 网络机器人   D. 信息抓取工具
3. 使用网络爬虫造成对目标网站的功能干扰，影响正常运营的，也可能构成（　　）。
   A. 破坏计算机信息系统罪 B. 破坏网站罪
   C. 干扰网站运行罪   D. 破坏业务系统罪
4. Python 爬虫用于（　　）。
   A. 生成随机数   B. 处理图像
   C. 自动化网页数据抓取   D. 数据可视化
5. 在 Python 中，用于进行网页爬取的库是（　　）。
   A. NumPy   B. Pandas   C. requests   D. Matplotlib
6. 在 Python 中，用于模拟浏览器行为爬取的第三方库是（　　）。
   A. requests   B. BeautifulSoup
   C. Selenium   D. Scrapy
7. 在 Python 中，用于解析 HTML 和 XML 文档的库是（　　）。
   A. requests   B. BeautifulSoup
   C. Selenium   D. Scrapy

8. 如果想要爬取需要登录的网站，最适合使用的库是（　　）。
   A. BeautifulSoup　　　　　　　　　　B. Requests
   C. Selenium　　　　　　　　　　　　D. Scrapy
9. 在处理 JavaScript 渲染的网页时，常用的 Python 库是（　　）。
   A. BeautifulSoup　　　　　　　　　　B. Scrapy
   C. Selenium　　　　　　　　　　　　D. requests
10. 可以用于在网页中查找全部特定 HTML 元素的方法是（　　）。
    A. find_all( )　　　　　　　　　　　B. find( )
    C. search( )　　　　　　　　　　　　D. locate( )
11. Beautiful Soup 主要用来解析的是（　　）格式文件。
    A. JSON　　　　B. HTML　　　　C. CSV　　　　D. YAML
12. 使用 Selenium 进行 Web 自动化测试时，可以用于查找网页中元素的方法是（　　）。
    A. find_element_by_id( )　　　　　　B. get_element_by_tag( )
    C. search_element_by_class( )　　　　D. locate_element_by_name( )
13. 可以选取 HTML 页面中所有链接的 XPath 表达式是（　　）。
    A. //a　　　　B. /a　　　　C. ./a　　　　D. ../a
14. 可以将爬取到的数据存储到数据库中的方法是（　　）。
    A. 使用 Pandas 库导出为 CSV 文件
    B. 使用 SQLite3 库操作 SQLite 数据库
    C. 使用 Pandas 保存为 Excel 文件
    D. 使用 JSON 格式保存为文件
15. Robots 协议用于（　　）。
    A. 禁止爬虫爬取网站内容
    B. 告诉爬虫可以抓取的页面和禁止抓取的页面
    C. 设置爬虫的 User-Agent
    D. 加快爬取速度

专业应用能力训练

二、案例题

使用 Selenium 登录豆瓣读书，搜索"会计大数据基础"，然后把搜索结果第一页的书名抓取下来，利用 Pandas 保存为 CSV 文件，文件名为"大数据书籍.csv"。保存时，不带索引，编码为 utf-8。

完成代码：

```
from _____ import webdriver
from _____ import BeautifulSoup
import _____ as pd

browser=webdriver.Chrome()
url='https://book.douban.com/'
browser.get(_____)
browser.find_element(by='id',value='inp-query').send_keys
   (_____) #填写搜索关键词
browser.find_element(by='xpath',value='//*[@ id="db-nav-book"]/
   div[1]/div/div[2]/form/fieldset/div[2]/input').click() #单击搜
                                                         索按钮

content=browser.page_source
soup=BeautifulSoup(_____,'html.parser')
links=soup.find_all('a',class_='title-text')
booknames=[]
for link in links:
booknames._____(link.get_text())

df=pd.DataFrame({'书名':booknames})
df._____('大数据书籍.csv',index=False,_____='utf-8')
```